GUNILLA LINN PERSSON, Jahrgang 1956, schwedische
Schriftstellerin. Autorin von Romanen für Erwachsene
und Theaterstücken für Kinder und Jugendliche. »Ama
taram, Allis und Ann«, in Schweden bereits fürs Fernse-
hen verfilmt, ist ihr erster Jugendroman.

Gunilla Linn Persson

—

Ama taram
Allis und Ann

—

Deutsch von Angelika Kutsch

Verlag Friedrich Oetinger · Hamburg

© Verlag Friedrich Oetinger, Hamburg 1995
Alle Rechte für die deutschsprachige Ausgabe vorbehalten
© Gunilla Linn Persson 1993
Die schwedische Originalausgabe erschien
bei Bonniers Juniorförlag AB, Stockholm
unter dem Titel »Allis med is«
Deutsch von Angelika Kutsch
Einband von Henriette Sauvant
Gesamtherstellung: Clausen & Bosse, Leck
Printed in Germany 1995

ISBN 3-7891-4501-7

INHALT

Vom ersten Tag an in der ersten Klasse waren Allis und Ann Freundinnen gewesen. Sobald sie einander erblickten, sahen sie jemanden, den sie gern hatten. Ann war groß und blond und schmal. Sie hatte hellblaue Augen, die wie der Sommerhimmel waren. Allis war kleiner, ein bißchen rundlicher um die Wangen und hatte schmale dunkelblaue Augen, und wenn sie lachte, blinzelte sie, daß sie aussah wie eine Katze. Beide hatten lange blonde Haare, aber Anns Haar war weich wie Seide und kräuselte sich ein bißchen um die Stirn. Allis' Haar war derb, ja, es erinnerte an Allis selbst, denn ihre Art war auch ein wenig derb. Derb und geradeheraus, während Ann ein bißchen weicher und zurückhaltender war.

In der Schule saßen sie immer nebeneinander, und sie versuchten, immer in der Reihe am Fenster zu sitzen, damit sie hinausgucken konnten, wenn die Schulstunden sich endlos dehnten. Sie wohnten auf dem Lande und gingen in eine kleine Schule, wo noch alles wie zu alten Zeiten war, eine Schule mit roten Holzwänden und weißen Fensterrahmen, und der Schulhof war mit runden Steinchen bedeckt, Schotter, in den man mit der Schuhspitze Hinkekästchen ritzen konnte. Aber Allis und Ann spielten nicht mit den anderen Mädchen Hinkekästchen. Sie spielten Mensch-ärgere-dich-nicht auf einem bestickten Stoffetzen, den sie von Anns Mama bekommen hatten. Im Frühling pflückten sie Rosenknospen in verschiedenen Farben, die sie als Figuren benutzten, und im Herbst sammelten sie Steine und Blätter. Wenn sie eine Partie beendet hatten, falteten sie den Stoffetzen zusammen, steckten ihn in die Tasche und spielten Fangen. Manchmal entfernten sie sich dabei vom Schulhof, obwohl das nicht erlaubt war. Sie überquerten die Landstraße und liefen über einen großen, feuchten Akker auf der anderen Seite der Straße. Auf dieses Feld träumten sie sich, wenn sie während langweiliger Schulstunden durchs Fenster spähten. Und dieses Feld tauchte wieder und wieder in Allis' Träumen auf, jetzt, danach. Sobald sie die Augen schloß, sah sie es vor sich: eine offene, feuchte Landschaft, und der Nebel war wie ein dampfender Bodenbelag über dem durchweichten Acker. Am Horizont, dort, wo Gras und Himmel sich begegneten, standen zwei einsame Bäume und reckten einander ihre Äste entgegen. Die Bäume schienen zusammenzugehören und einander gegen Wind und Wetter zu schützen. Wenn einer dieser Bäume fallen würde, weggerissen von einer gewalttätigen Sturmhand, würde der andere Baum seine Zweige nicht mehr zum Himmel recken, sondern sich seitwärts neigen und versuchen, den gefallenen Freund aufzufangen. Aber die Bäume fielen nicht, jedenfalls nicht so lange, wie Allis und Ann sie im Blickfeld hatten. Die Bäume blieben stehen. Statt dessen fielen die Menschen. Genau wie in den Märchen, in denen eine böse Fee Wasser plötzlich in Feuer verwandelt, Feuer in Eis, Tag in Nacht und Weiß in Schwarz, so wurde Allis' und Anns Spiel in Ernst verwandelt, und alles ging so schnell, daß es unbegreiflich war, damals wie heute. Sie hatten eine Partie Mensch-ärgere-dich-nicht gespielt, es war in der großen Pause, und es würde noch eine ganze Zeit dauern, bis es zur Stunde klingelte. Allis warf einen Blick auf die Schuluhr. Noch eine halbe Stunde! Sie lief über den Schulhof und rief:»Fang mich! Fang mich!« Und Ann lief hinterher. Allis lief schneller und beschloß, noch einmal die Landstraße zu überqueren, wie sie es schon viele Male vorher getan hatte, und auf das offene Feld hinauszulaufen. Bis zu den Bäumen würden sie es schaffen, wenn sie sich ein wenig beeilten. Neunhundertneunundneunzig Male von tausend kommt kein Auto, wenn man vergißt aufzupassen. Kommt trotzdem eins, ist der Fahrer wachsam und nüchtern und schafft es auszuweichen. Das nennt man einen Schutzengel haben. Man kommt mit dem Schrecken davon.

Aber einmal von tausend Malen ist das Unglück da, und dann ist nichts mehr, wie es einmal gewesen ist. Alles wird still. Alles schwebt. Bleibt stehen und hält den Atem an.

Allis hat es geschafft, Ann aber nicht.

Das war in dem Jahr, als sie zehn Jahre alt werden würden.

Es war in dem Jahr, als sie anfingen, anders als früher nach den Jungen in ihrer Klasse zu gucken. Sie hatten angefangen, ihre Haare irgendwie mit mehr Bedacht zu kämmen als früher. Sie hatten angefangen, sich auf etwas vorzubereiten, von dem sie spürten, daß es kommen würde. Die Verwandlung vom Kind zum Mädchen.

Und dann würde es nicht mehr lange dauern, dann würden sie wie die großen Mädchen tanzen gehen.

Aber es war jenes Jahr, in dem nichts so wurde, wie sie es erträumt hatten. Es brach ab, mittendrin. Eine bekam Flügel und flog davon, denn Allis war sicher, daß Ann ein Engel geworden war. Eine blieb allein zurück. Und als ob es noch nicht genug der Katastrophen war, als ob es nur der Anfang gewesen wäre, mußten Allis' Eltern ihr Haus aufgeben und alles, was sie besaßen, und eine Arbeit auf einem Schiff annehmen, denn sie hatten Konkurs gemacht. Alles verloren, nur ihre Schulden nicht.

Allis sollte bei den Großeltern in der Hauptstadt wohnen.

Allis sollte in eine neue Schule kommen.

Allis sollte alles vergessen, was passiert war, und versuchen, vorwärts zu schauen, wie ihre Eltern wohlmeinend sagten.

»Man muß einen Strich drunter ziehen und weitergehen«, sagten alle und streichelten ihr freundlich über die Wange.

Aber die Wange war kalt wie Eis.

ERSTES KAPITEL

Fremde

Gleich neben einem hohen Fenster in einem engen, länglichen Zimmer, das mehr einer Röhre glich, stand ein Mädchen mit blonden, kurz geschnittenen Haaren, »Typ Zehnjährige«, wie sie selbst sagte, wenn sie gefragt wurde. Sie zog ein jägergrünes Kleid an. Sie hieß Allis. Allis mit is. Das Kleid hatte einen Glockenrock und bauschte sich um die Mitte. Wahrscheinlich war es ein ziemlich hübsches Kleid, wenn man Wert auf so was legte. Sich also was aus Kleidern machte. Allis tat das nicht. Sie schloß die Augen, während ihr Kopf in dem grünen Kleid steckte, und dachte: Wenn ich die Augen schließe, glauben sie, ich bin blind. Dann bin ich irgendwie anders, aber nicht auf die Art, wie sie glauben.

Sie kämpfte mit dem Kleid, das wie ein zäher Sack war. Sie merkte nicht, daß ein Auto unten auf der Straße Feuer gefangen hatte. Es flammte auf, brannte intensiv, wie eine Fackel. Das Auto stand vor einem großen Haus, das gerade umgebaut wurde. Die Fassade war mit sandfarbenem Segeltuch verhüllt. Wenn jemand gesehen hätte, was geschah, hätte er meinen können, ein Auto in der Wüste brennen zu sehen.

Als Allis den Kampf gegen das Kleid gewonnen und den Kopf endlich durch den Halsausschnitt gesteckt hatte, waren ihre Augen immer noch geschlossen. Sie bückte sich und begann, auf dem Fußboden herumzutasten. Sie fand eine ihrer roten Sandalen, die vorne ziemlich abgenutzt waren. Und die andere? Die fand sie nicht. Sie mußte eine Hand vor die Augen legen und durch einen Spalt zwischen den Fingern gucken. Schummelei! Allis sah sich verstohlen im Zimmer um, und als ihr Blick aufs Fenster fiel, vergaß sie, blind zu sein. Sie stellte sich ans Fenster und versuchte, den anderen Fuß in die andere Sandale zu manövrieren, während sie gleichzeitig versuchte, einen Eindruck von der Straße zu bekommen. Leer. Keine Menschen. Einsames, brennendes Auto. Ein Stück davon entfernt ein Mannschaftswagen. Ein Storch aus Plastik, auf langen stählernen Beinen in den Gehweg gesteckt. Es war, wie einen Traum anzuschauen. Aber es war ja wirklich!

»Großmutter! Es brennt! Draußen auf der Straße brennt es!«

Allis lief aus ihrem Zimmer, und sie hätte ebensogut rufen können: »Es brennt in meinem Herzen!« Aber das hätte sie nie getan. Das Feuer war ihr Geheimnis.

Der große schwarze Schulhof lag verlassen da. Allis war zu spät gekommen. Sie blieb stehen, betrachtete die neue Schule. Es war ein mächtiger Klotz aus rotem Backstein, der aussah wie eine Festung. Mitten auf dem Hof stand ein einsamer Baum. Allis setzte sich zu Füßen des Baumes und schaute in die Krone hinauf. Das Laub sang in allen Farben! Sie flüsterte:

»AMA TARAM. Allis und Ann. Mach, daß niemand mit mir zusammensein will. Mach, daß niemand mit mir befreundet sein will.«

Ein Junge kam über den Schulhof gestürmt. Er trug gelbe Sprinterschuhe und sah aus wie ein goldener Pfeil. Dann verschwand er durch die Tür, und jetzt entdeckte Allis die Schuluhr über der Tür. Die Uhr war kaputt. Sie hatte nur einen Zeiger, der auf acht stehengeblieben war. Die Acht ist das Zeichen der Ewigkeit. Aber das wußte Allis nicht. Sie meinte, ein Lied aus der Baumkrone zu hören. Ein Lied mit vielen Stimmen. In dem Augenblick sah sie einen mittelgroßen schwarzen Vogel vom Dach der Schule geflogen kommen. Er segelte still durch die Luft, schien gleichsam aufgehängt zu sein in der Luft, schwerelos, ja, er konnte fliegen, ohne mit den Flügeln zu flattern. Der gleitende Flug war eine Vorstellung ganz allein für sie.

Als sich der Vogel in der Krone des einsamen Baumes niederließ, war es eine richtige Erleichterung. Allis erhob sich und lief in die Schule. Eine Minute später stand sie vor der schwarzen Tafel in der neuen Klasse und ließ sich von fünfundzwanzig neugierigen Augenpaaren mustern. Sie, die am ersten Schultag zu spät gekommen war und nicht einmal besonders bedrückt deswegen wirkte. Auf die Tafel hinter ihr hatte jemand mit bunter Kreide »Willkommen in der 4. Klasse« geschrieben. Dicht daneben hatte jemand anders mit Mühe »Si ko rka« in weißer Kreide und häßlichen Buchstaben gekrakelt. Dem Wort war anzusehen, daß die Kreide beim Schreiben zweimal abgebrochen war, und um die Buchstaben herum waren Schweißflekken.

Bei dem einfachen, geraden Katheder stand die Lehrerin, eine rundliche, nette und gestreifte Lehrerin, oben gestreift und unten blau, und ihre Kleidung sah so frisch gewaschen aus, wie das oft bei Lehrerinnen ist. Diese Lehrerin war weder jung noch alt, aber pedantisch, und ihr Ton war, wie sich zeigen sollte, etwas scharf. Und sie räusperte sich häufig. Jetzt hustete sie hervor:

»Trotzdem willkommen, Allis. Aber wer am ersten Tag zu spät kommt, beabsichtigt hoffentlich nicht, alle Tage zu spät zu kommen?«

Allis schüttelte den Kopf. Das beabsichtigte sie nicht. Sie hielt ihre rote Schultasche ganz fest und versuchte zu erklären:

»Es war nur so, es hat gebrannt. Und Großmutter mußte die Feuerwehr rufen, und ich mußte auf das Essen im Backofen aufpassen, und Großvater saß in der Garage fest. Er war also gerade mitten in einer Sache.«

Die Lehrerin sah nicht besonders überzeugt aus, und die Kinder betrachteten Allis mit noch größerer Neugier. Die Stimme der Lehrerin klang wie die eines Psychologen, als sie jetzt sagte:

»Dann kocht ihr schon am frühen Morgen Essen? Das ist mir mal ein besonderer Tagesanfang.«

Allis drehte sich zur Lehrerin und sagte mit trotziger Stimme: »Großmutter macht das jedenfalls so.«

Die Lehrerin blätterte in Papieren.

»Ah ja, hier steht es, deine Eltern arbeiten auf einem Schiff. In diesem Jahr wohnst du bei den Eltern deiner Mutter.«

»Bei Großmutter, Großvater und den Hunden. Bonzo, Bessi und Speja.« Das war Allis so herausgerutscht.

Sie bereute es sofort, denn eins der Mädchen in der Klasse, das Hunde liebte, aber keinen eigenen hatte, lächelte Allis so einschmeichelnd an, wie sie nur konnte. Allis guckte eisig zurück. Sie ließ den Blick über die Klasse gleiten. Lauter unbekannte Gesichter. Gemischte Mienen von Neugier, Unterwürfigkeit und Feindseligkeit. Niemand begegnete ihrem Blick. Die Kinder saßen paarweise zusammen bis auf einen Jungen ganz hinten. Neben ihm war ein Platz leer.

»Schreib deinen Namen an die Tafel, Allis, damit alle sehen, wie du heißt, und dann kannst du dich dahinten neben, wie heißt er noch gleich, neben Sikorka setzen, auf den freien Platz also.«

Der Junge, der offenbar Sikorka hieß und kaum schreiben konnte, reagierte überhaupt nicht, als die Lehrerin über ihn redete. Er schien ganz versunken in andere Gedanken. Rasch schrieb Allis ihren Namen an die Tafel und ging eilig zu dem leeren Platz. Sie schielte zu ihrem neuen Nachbarn. Er hatte sehr lange Augenwimpern, eine Weste mit vielen Taschen und gelbe Schuhe. Er war das also, der auch zu spät gekommen war. Die Neuen mußten nebeneinander sitzen, auch neu füreinander. Und neu und fremd den anderen.

Klatsch!

Jemand hatte mit einem Lineal auf die Tischplatte geschlagen, und nur Allis und der Täter wußten, wer es gewesen war. Allis wurde rot. Die Stimme der Lehrerin klang sehr gereizt, als sie Allis schon wieder ansprach:

»Du heißt also Allis, aber du schreibst dich doch wohl mit i-c-e, wenn ich mich recht erinnere? Vielleicht haben sie es in der alten Schule mit der Buchstabiererei nicht so genau genommen?«

Klatsch!

»Wer war das? So etwas will ich nicht haben!«

Allis guckte zu Sikorka. Warum machte er das? Sein Profil verriet nicht, was er dachte. Sie sah nur, daß er ziemlich mager war, braungebrannt von der Sonne, und sein Nasenflügel bebte ein wenig, wenn er atmete.

»Hallo! Jemand zu Hause? Allis! Das schreibt man wohl mit i-c-e?«

Wieder die Lehrerin. Sie war wie ein Habicht.

»Mein Name Allis schreibt sich so, wie ich ihn geschrieben habe. Ich hab buchstabieren gelernt in meiner alten Schule. Ich heiß Allis mit is, weil ich nämlich nach Allis Chalmer getauft wurde.«

»Ist das jemand, den ich kennen müßte?«

Klatsch!

Diesmal funktionierte der Röntgenblick der Lehrerin, dieser Blick, der alles sieht, der Tische und Bänke durchbohrt, so ein Blick, den sich Lehrerinnen mit der Zeit zulegen.

»Sikorka! Jetzt reicht es!«

Sikorka warf Allis einen kurzen Blick zu, und dann sagte er mit ruhiger und sicherer Stimme:

»Sie können Sigge zu mir sagen. In Schweden sagen alle Sigge zu mir. Sigge für die, Sigge für Sie.«

»Und nennen Sie mich Allis«, sagte Allis, »Allis mit is!«

Sie hatte wirklich nicht die Absicht zu erzählen, daß sie nach einem gelben Bagger, der Allis-Chalmer-Maschine mit dem Radlader aus den USA, getauft wurde, und sie wird auch niemandem erzählen, daß Papa solche Bagger verkauft hat, bis er Pleite machte. Ganz arm wurde und zur See ging, zusammen mit Mama. Sich eine neue Chance verdienen, wie er sagte. Jetzt mußte die Lehrerin sich wirklich zufriedengeben.

Schließlich hatten weder Allis noch Sikorka ein Verbrechen begangen, oder? Sie waren nur in eine neue Schule gekommen, aber alle, die das einmal erlebt haben, wissen, daß es ein Gefühl sein kann, als ob man auf der Anklagebank schmort. Man ist fremd, und alle wissen das. Man hat einen komischen Namen. Kommt aus einem Ort, wo noch niemand gewesen ist.

Für den Rest der Stunde hielt die Lehrerin Reden und sagte, nun habe die Schule wieder begonnen. Sie verteilte Zettel, die die Kinder mit nach Hause nehmen sollten. Auf den Zetteln stand, daß die Schule wieder angefangen hatte, und das war ja gut zu wissen.

Unter den Tischen ragten Füße hervor, die fast alle Loafers trugen, die mit dem Geldstück vorne drin, nur die ganz hinten nicht, wo die Neuen saßen und fremd aussahen. Rote Sandalen ... gelbe Plastikschuhe ...

Sigge und Allis sprachen kein Wort miteinander. Er schien ebenfalls beschlossen zu haben, sich keine Freunde anzuschaffen. Gut, dachte Allis. Keiner von uns beiden will den anderen kennenlernen. Immerhin eine Gemeinsamkeit.

Allis stand am Rande des Schulhofs und knipste rote Hagebutten von dornigen Rosenbüschen. Sie schien sich kein bißchen dafür zu interessieren, was andere in der Pause machten, weder für Grüppchen von Mädchen, die an den Haarspangen der anderen herumfummelten und sich Sommererlebnisse erzählten, noch für die Jungen, die sofort angefangen hatten Fußball zu spielen, oder für Sigge, der den Schulhof allein in alle Richtungen erforschte, unruhig wie ein Tier, das in einem Käfig eingesperrt war. Jetzt kam er an Allis vorbei, die ein Stück Stoff auf der Erde ausgebreitet hatte. Der Stoff war wie ein Schachbrett gemustert. Sie hockte sich hin und legte die Hagebutten wie Spielfiguren aus. Rote Hagebutten und grüne Blätter.

»Du fängst an«, sagte Allis.

Sigge glaubte, sie meinte ihn, und verschob zögernd ein Blatt.

»Hau ab! Das ist unser Spiel! Hau ab!« fauchte Allis, und Sigge klopfte sich gegen die Stirn. Schraube locker!

Dann verschwand er, denn er war kein Hund, und niemand sollte ihn schikanieren dürfen. Zwei Mädchen, die Hunde gern hatten, nahmen statt dessen Allis ins Visier. Sie sah die beiden kommen und packte ihr Spiel ein. Die Spielfiguren steckte sie in ihre Strickjackentasche, und den Stoff faltete sie ordentlich zusammen, ehe sie ihn in einer

Kleidertasche versteckte. Sie richtete sich auf und stand Auge in Auge mit den Hundeliebhaberinnen.

»Ich heiß Tina«, sagte das Mädchen, das in der Stunde gegrinst hatte.

»Ich heiß Johanna«, sagte die andere, ein dunkelhaariges Mädchen, das mindestens fünf Haarspangen trug.

Allis sagte nichts. Tina wand sich ein bißchen und versuchte freundlich zu sein.

»Wie alt sind die Hunde? Sind sie lieb? Können wir sie nicht mal ausführen? Wenn es drei sind, kann ja jede einen an der Leine führen. Das paßt doch gut.«

Als Allis keine Antwort gab, ergänzte Johanna:

»Wir können ja so tun, als ob es unsere eigenen wären. Daß wir es sind, die sie pflegen und...«

»Es sind Großvaters Jagdhunde«, unterbrach Allis sie.

»Sie jagen nur! Nur Jäger dürfen sich um sie kümmern. Sie sind gefährlich.«

»Schade«, stöhnte Tina.

»Aber wenn sie uns kennen? Wenn wir Freunde werden?« sagte Johanna.

Allis ging einfach weg.

»Wohin willst du?« rief Tina.

»Ich muß rein und was erledigen«, sagte Allis.

»Man darf aber nicht in der Pause reingehen. Nicht in unserer Schule!« brüllte Johanna. Sie war jetzt so erregt, daß sie zwei Haarsträhnen durcheinanderbrachte, als sie ihre Haarspangen richtete.

Allis verschwand durch die Tür, und auf der Ewigkeitsuhr darüber stand die Zeit immer noch still.

»Wir wollen das Herbsthalbjahr mit einer PROJEKT-Woche beginnen«, sagte die Lehrerin, als die erste richtige Unterrichtsstunde anfing. »In dieser Schule beschäftigen wir uns häufig mit Projekten.«

Sie sah Sigge und Allis starr an und nahm dann einen Schluck aus dem Glas Wasser, das auf ihrem Katheder stand.

»Entschuldigung, ich bin heute ein bißchen heiser«, sagte sie. In dem Augenblick ertönte ein kleiner Knall am Fenster neben Sigge, und er sprang auf, als ob er nur darauf gewartet hätte, daß so was passieren würde.

»Nein! Er fällt. Er geht kaputt!« schrie er. »Er geht kaputt!«

Er versuchte über Allis hinwegzuklettern, stolperte, wollte aus der Klasse stürmen, schaffte es aber nicht. Denn die Lehrerin versperrte die Tür und brüllte: »Setz dich, Sigge! Setz dich! Wir haben jetzt Unterricht!«

Widerwillig ging Sigge zurück zu seinem Platz. Mit aufgestauter Wut zischte er:

»Aber der ist doch kaputt. Man muß ihn wieder heilmachen.«

Die Lehrerin beugte sich aus dem Fenster beim Katheder und schaute hinaus. Ja, dort lag tatsächlich ein verletzter Vogel auf dem Schulhof.

»Ihr bleibt hier. Ich ruf die Polizei. Die Polizei nimmt sich verletzter Tiere an. Ein Vogel, der nicht fliegen kann – das ist kein Vogel. Wartet hier!«

Sie verschwand aus der Klasse und schloß hinter sich ab. Sigge drängte sich zur Tür vor und begann, an der Türklinke zu rütteln. Als sie sich nicht öffnen ließ, trat er dagegen. Einmal, zweimal.

»Scheißalte! Scheißalte!«

Dann sagte er etwas in einer fremden Sprache, die niemand kannte, was aber trotzdem alle verstanden. Seine Stimme klang wütend. Er sah sich um. Das Wasserglas. Mit wenigen energischen Schritten war er beim Katheder und goß es aus, direkt über seine Hose.

Es war ganz still in der Klasse. Erstaunt und vollkommen stumm verfolgten alle, was er tat, als ob er ein Seiltänzer im Zirkus wäre. Dann ging er zurück zu seinem Platz. Er sah niemanden an, nicht einmal Allis. Er setzte sich, und sein Gesicht war ganz leer. Es verriet absolut nichts von dem, was er dachte. Was er fühlte.

Die Lehrerin schloß die Tür auf und kam herein und sagte in sachlichem Ton: »Die Polizei kommt bald. Wir machen weiter. Was ist ein Heim? Ja, das soll das Thema unserer Projektwoche werden. Was ist also ein Heim?«

Anstatt zu antworten, stand Sigge langsam auf und drängelte sich noch einmal an Allis vorbei. Er stellte sich im Gang zwischen den Tischreihen auf und sagte: »Ich mußte auf Toilette. Aber Tür war abgeschlossen.«

»Sikorka...«

Für einen Augenblick war die Lehrerin sprachlos. Sie verbesserte ihn nicht einmal und sagte nicht, das heißt *zur* Toilette und *die* Tür.

»Du kannst nach Hause gehen. Heute brauchst du nicht

wiederzukommen. Geh nach Hause und dusch dich. Und bitte deine Mama, daß sie deine Sachen gleich wäscht. Geh jetzt nach Hause.«

Wenn die Lehrerin gewußt hätte, wo Sigge wohnte, hätte sie sich die praktischen Ratschläge wahrscheinlich erspart. Und wenn sie gewußt hätte, wo Sigges Mama war, hätte sie sie nicht erwähnt.

Sigge war froh, daß sie nichts wußte. Sie hätte es sowieso nicht verstanden. Jetzt verließ er die Klasse, schnell wie eine Katze, die vor Regen davonläuft. Die Lehrerin versuchte so zu tun, als ob nichts geschehen wäre, als sie wieder mit ihrem PROJEKT anfing.

»Ich möchte, daß ihr bis morgen darüber nachdenkt. Dann wird sich jeder ein eigenes Heim bauen. Wie sieht es in den Zimmern aus, was hat man für Möbel? Wozu benutzt man sie? Hat das Zuhause heute dieselbe Bedeutung wie früher?«

Allis reckte den Hals, um zu sehen, was mit dem Vogel auf dem Schulhof geschah. Sie sah nur den Baum und die Blätter, die im Wind tanzten. Sie meinte wieder das Lied im Laub zu hören, das sie morgens gehört hatte, als sie dort saß. Weit entfernt, am anderen Ende des Tunnels, hörte sie die Lehrerin reden, die in pädagogischem Tonfall die Klasse von der Vortrefflichkeit des neuen Projekts zu überzeugen versuchte.

»Was ist eine Familie? Ist es normal, in einer Familie zu leben – ich meine – wer lebt normal in einer Familie? Was ist mit meinem Wasserglas passiert?«

Die Stimme im Tunnel kam näher.

»Ich hab gefragt, ob jemand weiß, was mit meinem Wasserglas passiert ist?«

»Allis weiß es vielleicht. Allis sollte es wissen.«

Das war Johannas Retourkutsche für Allis' unfreundliches Verhalten in der Pause. Allis kam nicht mehr dazu, etwas zu antworten, da wurde die Tür zum Klassenzimmer von zwei ziemlich aufgebrachten Polizisten geöffnet. Breitbeinig stellten sie sich nebeneinander hin, und der eine sagte in nordschwedischem Dialekt, während seine Augen irgendwo anders waren:

»Sind Sie Frau Arlemann? Haben Sie wegen des Vogels angerufen? Es gibt keinen Vogel da draußen. Man soll die Polizei nicht unnötig rufen. Dann hat sich wohl jemand um den Vogel gekümmert? Verletztes Wild darf nicht ohne Hilfe der Polizei getötet werden.«

Die Lehrerin sah aus, als wäre ihr das ganze Projekt im Hals steckengeblieben.

»Aber meine Herren – draußen hat ein Vogel gelegen. Sonst hätte ich Sie selbstverständlich nicht bemüht.«

Sie warf böse Blicke in die Klasse. Sigges leerer Platz leuchtete wirklich leer. Allis guckte starr geradeaus. Die Polizisten schienen zufrieden zu sein, nachdem sie ein bißchen gemeckert hatten. Jetzt ergriff der das Wort, der still gewesen war: »Ja, damit ist der Fall erledigt. Dann auf Wiedersehen, Leute.«

Als sich die Tür hinter den Polizisten schloß, fing die ganze Klasse an zu kichern und einander »auf Wiedersehen, Leute« zuzuflüstern, und sogar ihre Lehrerin schien etwas Ähnliches vor sich hinzubrummen. Daß Allis Tränen in den Augen hatte, bemerkte niemand. Sie hatte schon einmal zusammen mit Polizisten in einem Klassenraum gesessen. Aber damals hatte niemand gelacht. Damals hatte niemand geglaubt, sie würden wieder lachen können, und Allis hatte tatsächlich nicht mehr gelacht seitdem.

Wie konnte irgend etwas jemals wieder gut werden? Wie konnte irgend etwas Spaß machen?

»Wenn ihr das Essen anrührt, erschieß ich euch!«

Großmutter brüllte die Hunde an, die sich mit ihr und Allis in der Küche drängelten. Überall standen Gerichte, die Großmutter, eine kleine, rundliche und energische Person mit schwarzen Locken, tagsüber vorbereitet hatte. Da gab es Schüsseln mit Lachs und Pasteten und kaltem Braten. Die Hunde saßen unterm Küchentisch und sabberten. Großmutter bot Allis eine Scheibe Lachs zum Probieren an, während sie den Hunden gleichzeitig mit dem Finger drohte. Allis fiel ein Stück der Lachsscheibe auf den Fußboden, und die Hunde mußten es auflecken.

»Wie war es in der Schule?«

»Gut. Wir haben einen Zettel mitgekriegt, auf dem steht, daß die Schule angefangen hat«, antwortete Allis unbestimmt.

Sie hatte keine Lust, Einzelheiten zu erzählen.

»Wenn dir jemand dumm kommt, tritt ihn gegen das Schienbein, dort tut es ihm am meisten weh«, sagte Großmutter und machte mit dem Fuß eine Bewegung zu Allis' Schienbein.

Sie lachte auf, dieses wilde Lachen, das nur sie lachte.

»Was macht ihr denn in der Schule? Rechnen natürlich. Lesen.«

»Wir machen ein Projekt«, antwortete Allis wahrheitsgemäß.

»Was sind das denn für neue pädagogische Mätzchen?«

Allis zuckte mit den Schultern. Sie wußte nicht, was Großmutter damit meinte.

»Projekt heißt, daß man nach Hause gehen und darüber nachdenken soll, wie es ist, ein Zuhause zu haben. Und eine Familie. Ob das normal ist. Ich glaub, so meint die Lehrerin das. Was ist normal?«

Großmutter sah nicht gerade so aus, als ob sie das Projekt für eine glänzende Idee hielt, und dann schien sie das Ganze zu vergessen. Als sie nämlich das Durcheinander betrachtete, das in ihrer Küche herrschte, stellte sie fest, daß etwas fehlte.

»Jisses, der Nachtisch!«

Das sollte wohl Jesus bedeuten, aber Großmutter sagte immer Jisses.

»Ich hab ja den Nachtisch für den Professor vergessen! Lauf und hol einen Dreier Schlag beim Einser. Eil dich!«

Sie angelte eine Faustvoll Münzen aus der Schürzentasche, versetzte Allis einen sanften Tritt in den Po, damit sie sich beeilte, und rief, als Allis zur Tür hinauslief:

»Deiner Lehrerin kannst du bestellen, das mit dem Projekt ist ein ganz schöner Quatsch. Das kannst du ihr von mir sagen!«

»Aber ich geh doch jetzt nicht zur Schule, ich soll noch

einen Dreier Schlag kaufen«, konnte Allis gerade noch sagen, ehe die Tür hinter ihr zuschlug. Sie verstand nicht, was Großmutter antwortete, und überlegte, was einen Dreier Schlag bedeuten mochte. »Einen Dreier Schlag beim Einser.«

Als sie die Haustür öffnete, lag die Straße leer und verlassen vor ihr. Nur das ausgebrannte Autowrack vom Morgen. Eine große Baubude, ein vergoldeter Plastikstorch, dessen dünne Stahlbeine jemand in die Ritze zwischen Gehweg und Straße gesteckt hatte. Hochkant ein Faß mit Benzin. Morgens auf dem Weg zur Schule, durch Schaum und Feuerwehrschläuche stolpernd, hatte sie den Bauwagen flüchtig wahrgenommen. Da war die Straße voller Lärm gewesen. Jetzt war es still bis auf Männerstimmen, die sich hinter dem Segeltuch, das das Haus gegenüber verbarg, unterhielten. Sie redeten eine fremde Sprache. Jetzt sah sie eine Dame den Gehweg entlangkommen. Die Dame führte einen fetten Hund an der Leine. Das war so ein Hund, der aussah, als würde er fast erwürgt. Ein bißchen sah er aus wie ein Dreier Schlag. Hinterher kam ein fetter Mann gewackelt.

»Wissen Sie, wo der Einser ist?« fragte Allis, aber der Mann hatte wohl schlechte Laune, denn er gab keine Antwort. Allis ging los. Bog um die Ecke des Hauses, in dem sie wohnte, diesem hohen, großen Haus aus Stein, das Großmutter und Großvater so viele Jahre gepflegt hatten. Sie waren hier Hausmeister, aber Allis war noch nicht dahintergekommen, was das eigentlich bedeutete. Eine alte Dame kam aus der Tür, die zum hinteren Teil des Hauses führte. Ja, in Großmutters Haus gab es zwei Treppenhäuser, und die Dame wirkte so verwirrt, als ob sie selbst nicht wußte, aus welchem sie kam.

»Ich soll einen Dreier Schlag beim Einser kaufen«, sagte Allis. »Wissen Sie, wo das ist?«

»Kannst du mir nicht erst einmal sagen, wo ich bin«, sagte die Dame mit sehr freundlicher Stimme.

»Sie sind auf dem Gehweg und haben gerade die Haustür hinter sich zugemacht«, antwortete Allis und guckte die Dame erstaunt an. Deren Gesicht leuchtete auf.

»Dann bin ich also nicht auf dem Weg ins Haus?«

»Nein. Hinaus. Wissen Sie, wo der Einser ist?«

»Selbstverständlich«, antwortete die Dame. »Da hinten, neben Siris Blumen, Sträuße und Samen.«

Allis sah das Schild, bedankte sich und lief los. Großmutter hatte ja gesagt, sie solle sich beeilen. Eil dich, hatte sie gesagt.

»Siris Krumen, Räusche und Damen«, sagte Allis laut vor sich hin. Sie kannte jemanden, der das witzig gefunden hätte. Jetzt war es überhaupt nicht mehr witzig.

Allis schloß die Augen und legte die Hand mit den Geldmünzen auf den Tresen vom Milchladen.

»Ich soll einen Dreier Schlag holen.«

»Tun dir die Augen weh?« fragte die Verkäuferin.

»Es ist nämlich so, ich bin blind.«

»Das bin ich auch«, antwortete die Verkäuferin, und Allis mußte ein bißchen blinzeln. Die Verkäuferin blinzelte auch und reichte ihr eine Drei-Deziliter-Packung Schlagsahne.

»Eil dich«, sagte sie, als Allis den Laden verließ, denn sie schien zu wissen, wer Allis war und wer sie geschickt hatte, um »einen Dreier Schlag« zu holen.

Gegenüber von Siris Krumen, Räusche und Damen war ein Fischgeschäft. Drinnen floß Wasser über das Schaufenster, als ob es regnete. Oder weinte.

Neben dem Fischgeschäft war ein Geschenke-Shop. Im Schaufenster waren lauter komische Sachen versammelt. Hunde aus Porzellan, Katzen aus Glas, die Kerzen in den Vorderpfoten hielten, Teekannen, die wie Hühner, Hähne, Gänse geformt waren. Ein Geschenk ist etwas, das nicht ist, was man glaubt, dachte Allis. Es ist ein Hund, der nicht spielen kann, Katzen, die nicht miauen können, und Vögel, die nicht singen können, nur Tee durch ihre Schnäbel fließen lassen.

Als Allis das dachte und wünschte, der einzige Mensch, der jemals ihre Gedanken geteilt, ja, sie sogar zusammen mit ihr laut gedacht hatte, daß genau dieser Mensch bei ihr wäre, kam statt dessen jemand anders angelaufen. Gelbe Schuhe. Und etwas in der Jacke verborgen.

»Hej«, sagte Allis, aber Sigge gab keine Antwort.

Nein, Sigge lief noch schneller, gekrümmt über dem, was er in seiner Jacke verborgen hatte, und Allis spürte eine gewisse Erleichterung darüber, daß sie mit ihm keinesfalls befreundet sein würde. Er war ein Fremdling, und sie war ein Fremdling, und sie würden beide fremd bleiben. Nur etwas wunderte sie doch. Warum sein Gesicht so naß gewesen war, als er an ihr vorbeigestürmt war, ohne zu grüßen. Seine Wangen waren ganz naß gewesen, fast hatte es ausgesehen, als ob er auf der anderen Seite des Schaufensters vom Fischgeschäft vorbeigelaufen wäre. Hatte er geweint? Oder war es nur Regen, der in ihm drinnen regnete? So war das in Allis drinnen jedenfalls nicht. Kein Regen und keine Tränen. Alles war zu Eis gefroren. Sie konnte sich nicht vorstellen, daß jemand dieses Eis jemals wieder auftauen könnte. Sie würde es nicht zulassen! Solange sie zu Eis gefroren war, gab es Ann in ihr. Es war unmöglich, sie zu zerstören. Die Ann in ihr war das Letzte von Ann, was es noch von ihr gab. Allis würde sie nie loslassen. Sie nie mehr verlieren, wie sie sie schon einmal verloren hatte.

ZWEITES KAPITEL

Der Dieb

»Was passiert zum Beispiel mit einem Vogel, der gegen eine Fensterscheibe fliegt?« fragte Allis spät am Abend, als sie und Großvater mit den Hunden allein zu Hause waren. Großmutter war oben beim Professor und servierte das Essen, das sie den ganzen Tag vorbereitet hatte. »Drei Gänge. Zwölf Gedecke.« Und nur große Köpfe um den Tisch versammelt. Ja, das hatte Großmutter gesagt und den Lift vollgestopft mit all den Sachen und war hinaufgefahren.

»Zum Beispiel ein Vogel«, brummte Großvater, der in seinem spezialkonstruierten Racer-Sessel eingenickt war.

Es war ein fast gewöhnlicher Sessel. Aber Großvater, der gern selbst etwas baute und herumbosselte, hatte einen Hebel zum Verstellen angebracht. Er sah aus wie eine Gangschaltung, und deshalb war der Sessel ein Racer-Sessel. »Einnicken« war Großvaters Ausdruck für diesen Zustand zwischen Wachen und Schlaf, wenn man dasitzt und träumt. Allis sah, daß es ihm schwerfiel, richtig wach zu werden.

Sie sagte: »Ja, nur zum Beispiel. Kann ein Vogel weiterfliegen, wenn er gegen eine Fensterscheibe geknallt ist – einfach wegfliegen?«

Großvater packte den Hebel und richtete den Sessel mit einem Ruck auf.

»Jetzt bin ich wach«, stellte er fest und kratzte sich ein wenig im Haar. »Glaub kaum, daß der fliegt. Jemand muß sich um ihn kümmern. Damit er sich wieder erholt. Sozusagen wieder wach wird. Wenn er nicht – ja, du verstehst...«

Eine Sache hatte Allis in dem vergangenen Jahr gelernt. Es gab verschiedene Arten Wörter auf der Welt. Es gab Wörter, mit denen man lockte, Wörter, die man hervorschleuderte, ohne sie wirklich zu meinen. Dann gab es Wörter, die überhaupt nichts bedeuteten – man könnte genausogut pfeifen, anstatt sie auszusprechen. Und dann gab es Wörter, die einem nie über die Lippen kamen, jedenfalls nicht, wenn man erwachsen war. Es gab Wörter, die man nicht aussprach. Ein solches Wort war das Wort Tod. Wenn jemand gestorben war, mußte man so tun, als ob er nur verschwunden wäre. Er war »eingeschlafen«. Würde also bald wieder aufwachen. Oder es hieß »von uns gegangen«. Aber Allis kannte den Unterschied, ob jemand nur eine Weile fort war wie ihre Mama und ihr Papa, oder ob jemand für immer fortgegangen war. Es gab wirklich Unterschiede auf der Welt! Und noch etwas hatte Allis gelernt: Wenn dennoch der Tod zur Sprache kam, durch einen unglücklichen Zufall, dann mußte der Erwachsene versuchen, einen davon abzulenken und auf andere Gedanken zu bringen. Irgendwie! Deshalb zeigte Großvater jetzt auf die Hunde und sagte: »Guck mal, sie rennen im Schlaf! Träumen wahrscheinlich, sie sind auf der Jagd...«

Allis guckte. Die Hunde lagen auf dem Teppich und liefen wirklich im Schlaf. Ihre Beine zuckten und scharrten. Aber nur ihre Beine, dachte Allis. In ihren Köpfen laufen Hasen und Rehe herum. Dort ist finsterer Wald und Stämme und Felsen. Dort gibt es Teiche mit klarem Wasser und Tümpel voller Schlamm und Frösche. Sie konnte es vor sich sehen, alles. Plötzlich begriff sie, daß es genauso mit ihr selbst war, ganz klar und deutlich. In ihrem Innern gab es eine unsichtbare Traumwelt. Es mochte aussehen, als ob sie in einem Sessel neben ihrem Großvater säße, aber in Wirklichkeit war sie nur die Hülle, die einen Traum umgab, der in ihrem Kopf herumlief. Dort, in dieser Innenwelt, bewegte sich ein Mädchen durch eine Landschaft, die dicht über dem Boden mit Nebel bedeckt war. Auf einem feuchten Feld lehnten sich zwei Bäume gegeneinander. Es war ihr letzter Tag zusammen. Der Tag vor jenem Tag, als alles passierte. Sie hatten Schiffchen aus Blättern gebaut. Die Blätter waren auf dem Bach davongeglitten, der sich durch das Feld schlängelte. In einer der Biegungen des Baches waren die Schiffchen hängengeblieben. Sie hatten am Wasserlauf entlangrennen und ihre Schiffe mit Zweigen, die sie unter den Bäumen gefunden hatten, antreiben müssen. »Gib ihm einen Schubs!« hatten sie einander zugerufen, und sie hatten angefangen zu lachen, ohne zu wissen, warum. »Schubs! Schubs!« Schließlich war Allis' Schiff versunken, aber Anns Schiff war weiter davongeglitten, fast eifrig, getragen von der Frühlingsflut des Baches. Es war davongefahren in fremde Länder, hatten sie einander erzählt. Es war auf dem Weg ins Land Irgendwoanders, wo noch nie ein Mensch gewesen war. Das Land weit weg, wo der Bach zum Meer wird, und das Meer, hatte Ann gesagt, »und das Meer ist ein kleines Stück heruntergefallener Himmel.«

Speja bellte im Schlaf und riß Allis aus ihrem Traum. Sie sah, wie Großvater sich erhob und an den Kabeln herumfummelte, die zur Radioanlage führten, die fast die ganze Schmalwand des Wohnzimmers ausfüllte.

»Funkamateur«, sagte Großvater und zeigte stolz auf die vielen kleinen Blechkästen, die massenhaft Rädchen und Knöpfe und kleine Leuchtlampen hatten.

Großvater liebte seinen Weltempfänger. Man kann die ganze Welt empfangen, sagte er. Als er jung gewesen war, wäre er gern in der Welt herumgereist, aber da war Krieg gewesen, und man konnte nicht reisen. Jetzt unternahm er Reisen in der Phantasie. Jetzt kam die Welt in sein Wohnzimmer, ein Stimmengeknister aus weit entfernten Ländern.

»Das da ist Ungarn«, behauptete Großvater überzeugt. Er blinzelte Allis vertraulich zu. »Spürst du die Puste aus der Pußta?«

Merkwürdigerweise konnte Allis es spüren. Ein duftender Windhauch, fremd und geheimnisvoll. Eine andere Welt war jetzt sehr nah.

»Kann man reden, so daß sie es hören?« fragte Allis und hielt den Atem an, während sie auf die Antwort wartete.

Großvater drehte sich um, langsam und nachdenklich.

»Du denkst an deine Eltern? Die haben in diesem Augenblick wohl gerade abgelegt. Du darfst nicht jetzt schon anfangen, dich zu sehnen, Allis, hörst du, dann wird der Winter sehr, sehr lang… Hör mal zu, jetzt ist der Ungar richtig in Schwung gekommen. 1956 hättest du das hören sollen! Man konnte nur noch heulen. Damals warst du noch nicht geboren. Aber was rede ich da…«

Ja, Großvater hatte eine Begabung, gleichsam mit sich selbst zu reden. Ähnlich wie der Ungar, der dort drinnen im Radio drauflos schnatterte, und plötzlich wollte Allis nichts mehr hören. Großvater hatte nicht verstanden, was sie meinte, und sie konnte es nicht erklären. Sie hatte gehofft, er könnte ihre Gedanken lesen. Er konnte es nicht.

»Ich geh ins Bett, damit ich morgen nicht wieder zu spät komme.«

Allis ging rasch in ihr Zimmer. Nach einer Weile kam Großvater hinterher. Er wußte, daß er mit Allis sprechen müßte über das, was wirklich wichtig war, aber er wußte nicht, wie. Wann? Wann ist der richtige Moment?

Allis war in ihr Bett gekrochen, und auf dem Fußboden neben dem Bett standen die roten Sandalen. Sie sahen müde und abgenutzt aus. Das Kleid lag hingeworfen auf dem Teppich. Großvater gehörte nicht zu denen, die wegen Ordnung nörgeln, er setzte sich, ohne etwas zu sagen, auf die Bettkante und überlegte, wie er anfangen sollte. Mit dem Wichtigen. Die Stimme aus Ungarn erstarb. Sie wurde ersetzt von einem merkwürdigen, fast melodischen Brausen.

Großvater räusperte sich.

»Sie machen eine riesige Runde, verstehst du, deine Eltern. Amsterdam, entladen, beladen. Dann Kanada und Ame-

rika. Feine Art, die Welt zu sehen. New York! Du weißt,
dort steht diese Statue für die Freiheit, eine Pistole zu besitzen und aufeinander zu zielen. Dann wieder Amsterdam.
Das dauert seine Zeit. Das kann man drehen und wenden,
wie man will. Könnte übrigens auch Rotterdam sein. Jedenfalls dauert es seine Zeit.«
»Stell dir mal vor, jemand schießt auf sie! Mit einer Pistole.«
»Ach, ich hab doch nur Blödsinn geredet. Jetzt sprechen
wir das Abendgebet.«
Großvater legte seine Hand aufs Herz und lächelte. Das
machte er manchmal. Auf diese Weise wußte man gewis-
sermaßen, daß er es war. »Gott behüte alle, die nicht wissen, daß es kleine blaue Pferde gibt auf dieser Welt. Das
kanntest du noch nicht, was?«
Sie sahen einander an und lächelten schüchtern. Großvater
strich Allis über die Stirn. Seine Hand war rauh und
schwielig und roch nach Öl.
»Soll ich die Welt noch ein bißchen anlassen und sausen
lassen, während du einschläfst? Es ist so schön zuzuhören:
Das Universum! Das ist es, was da braust. Die Milchstraße! Verflixt noch mal...«
»Kann man den Himmel hören? Ist der auch dabei, ehrlich? Ich meine, die im Himmel sind, falls sie nun dort sind,
hört man sie auch im Radio?«
Großvater antwortete ernst:
»Es gibt also blaue Pferde auf dieser Welt, und es gibt
Leute, die sind im Himmel, und die senden ständig. Die,
die man gern gehabt hat, die jetzt vielleicht nicht mehr da

sind, die hören nie auf, mit einem zu sprechen. Verstehst du? Sie senden. Sie hören nie auf zu senden.«

Allis verstand. Sie nickte, und Großvater machte das Licht aus und verließ das Zimmer. Allis flüsterte in die Dunkelheit: »AMA TARAM. Allis und Ann. AMA TARAM.«

Das war ein geheimer Code für jene, die dieselbe Wellenlänge hatten.

Die Antwort war ein Lichtschimmer auf der Tapete gegenüber von Allis' Bett. Eine hastig vorbeigleitende Schleife von Licht. Jemand anders hätte vielleicht gemeint, den Lichtkegel von einem Auto zu sehen, diese Art Schlinge von Licht, die sich manchmal durchs Fenster stiehlt. Aber Allis sah einen Engel. Und der Engel flüsterte durch das Brausen der Milchstraße: »Sein Name bedeutet kleiner Vogel.«

Das war mehr, als Allis verstehen konnte, und sie schlief ein, weg von allem.

Die folgende Zeit verging schnell. Der Herbst ist davongegangen, sagte Großmutter. Tagsüber war es noch mild, aber nicht in der Nacht. Da packte die Herbstkühle mit derbem Griff in das Laub der Bäume, so daß die Farbe sich veränderte. Es gab tausend Nuancen von Grün bis zu tausend Nuancen von Gelb, Rot und Braun. Plötzlich eines Morgens waren die Bäume kahl bis aufs Baumskelett.

Oben auf dem Trockenboden, wo Allis Großmutter half, Laken zum Trocknen auf lange, weiße Leinen zu hängen, die kreuz und quer durch den großen Raum gespannt waren, gab es ein paar runde Fensterluken, durch die Allis auf die Stadt hinunterschauen konnte. Die Bäume im Park, der ein Stück entfernt war, hatten gestern noch wie goldgelbe Bälle ausgesehen. Jetzt streckten sie ihre dünnen Zweigarme in den Himmel. Großmutter riß Allis aus ihren Gedanken:

»Willst du wirklich jeden Morgen in aller Herrgottsfrühe mit mir aufstehen? Bist du dann nicht müde, wenn du in die Schule mußt?«

»Nein.«

Allis hatte sich angewöhnt, Großmutter morgens zu begleiten. Großmutter wachte viele Stunden früher auf als die anderen Leute im Haus. Sie hatte ja auch viel zu erledigen. Treppen mußten gescheuert, Wäsche gewaschen und Essen mußte gekocht werden. Großmutter hatte eine Arbeit, die nirgends anfing und nie richtig zu Ende war. Sie war zusammen mit Großvater Hausmeister, und das bedeutete, daß sie das Haus in Ordnung hielten. Aber sie war auch Putzhilfe und Waschfrau der Menschen, die im Haus wohnten, und außerdem bereitete sie das Essen für Feste vor, die diese Leute gaben. Jetzt sagte sie, als ob sie darüber nachgedacht hätte:

»Mein Knecht hatte auch einen Knecht.«

»Was meinst du?« Allis sah sie fragend an.

»Ich bin Hilfskraft für die Leute im Haus. Du bist meine Hilfskraft. Bist du sicher, daß du die Schule schaffst?«

»Wir sind immer noch mit unserem Projekt beschäftigt.«

»Macht ihr denn gar nichts anderes?«

»Doch. Aber heute müssen wir es vorstellen.« Allis spürte einen Stich im Bauch, als sie daran dachte. Vor der ganzen Klasse stehen und erzählen müssen.

»Gefällt es dir in der Schule? Ganz ehrlich?«

Allis gab keine Antwort. Statt dessen hängte sie ein Laken auf. Reckte und spannte es und klammerte es fest. Alles mußte auf die genau richtige Art getan werden. So war Großmutter. Sehr genau, obwohl man sich das vielleicht nicht vorstellen konnte, wenn man sie zum ersten Mal traf. Wie genau sie es eigentlich nahm, wußte man erst, wenn man die Treppen mit ihr zusammen gescheuert hatte. Und das tat Allis, nachdem die Wäsche aufgehängt war.

»Die Ecken dürfen nicht rund sein«, brummte Großmutter, während sie auf der Treppe kniete, das Hinterteil hochgereckt, und bei jeder kraftvollen Bewegung mit der Scheuerbürste rasselte das Schlüsselbund an ihrer Hüfte.

Allis versuchte es genau wie Großmutter zu machen, bis tief in die Ecken auf jeder Stufe zu wischen. Scheuern, reiben, mit dem Lappen nachwischen. Die Treppe war aus Marmor.

Jetzt tauchten genau vor Allis' Nase ein Paar schwarze Schuhe auf. Sie guckte hoch. Ein großer, düsterer Mann in Militäruniform unterm Mantel stand mitten in der Nässe und grüßte militärisch. Das war sicher Oberst Björk, von dem Großmutter erzählt hatte.

»Guten Morgen! Das ist sicher Allis, vermute ich?« sagte

der Oberst mit französischem Akzent. »Ich war in den letzten Wochen im Feld und konnte mich noch nicht vorstellen. Guten Tag!«
Allis richtete sich auf, nahm die Bürste von der rechten in die linke Hand und grüßte ihn höflich.
»Guten Tag, Oberst. Ich heiße Allis, Allis mit is.«
Sie schüttelten sich die Hand, und der Oberst nickte nachdrücklich, bevor er die Treppe im selben militärischen Stil, wie er gegrüßt hatte, weiter hinunterging. Er guckte Großmutter an und sagte nicht ohne Bewunderung:
»Die Ecken sind nicht mehr rund, wenn Frau Petterson sich ihrer angenommen hat.«
Großmutter nickte zufrieden. Beim Oberst klang es, als ob die Treppenreinigung ein gelungenes Militärmanöver wäre. Allis sah ihm lange nach, während er nach unten ging. Sie flüsterte Großmutter zu:
»Er geht wie ein Spazierstock.«
Großmutter mußte ein Lachen unterdrücken. Dann warf sie einen Blick auf die Uhr.
»Jisses! Eil dich, zur Schule!«
Allis warf die Scheuerbürste in den Wassereimer und stürmte die Treppen hinunter. Wieder zu spät! Sie und dieser komische Sigge hatten es geschafft, während der ersten Wochen fast jeden Tag zu spät zu kommen. Die Lehrerin nannte es einen Rekord, der schwer zu brechen war. Aber jeden Tag könnte sie nun explodieren, da war Allis ganz sicher. Sie hätte gern gewußt, was Sigge morgens trieb, daß er immer zu spät kam. Und das hätten gern noch mehr gewußt.

Als sie gerade ihre verschlissene Lederjacke über das grüne Kleid gezogen hatte, das einzige Kleid, das sie immer noch trug, kam Großmutter zur Tür hereingekeucht. Sie hatte vergessen, etwas zu sagen:

»Allis. Du mußt heute Schlüssel mitnehmen. Ich bin wahrscheinlich nicht zu Hause, wenn du aus der Schule kommst. Ich muß Reserveteile für Großvater abholen. Es ist wieder dieser Professor. Erst geht sein Auto in Flammen auf – und das nächste wird in eine Ziehharmonika verwandelt. Kannst du verstehen, wie jemand, der so gut Köpfe reparieren kann, so schlecht im Autofahren ist?«

Allis antwortete nicht. Sie streckte eine Hand aus. Sie hatte es wirklich eilig.

Großmutter löste ihr großes Schlüsselbund von der Hüfte.

»Du mußt das ganze Schlüsselbund nehmen. Großvater hat genauso eins. Aber du darfst es nicht verlieren. Weißt du übrigens, wie viele Schlüssel die Gräfin im Lauf der Jahre verloren hat? Eine Zahl mit zwei Nullen! An diesem Bund sind Schlüssel für das ganze Haus. Für den Elektro-Verteiler-Raum, die Heizung und das Uhrenzimmer oben auf dem Dachboden. Paß gut darauf auf!«

Allis wog das ganze Schlüsselbund in der Hand. Ließ es in die Tasche gleiten und hoffte, daß sie nun endlich gehen konnte. Aber Großmutter griff sich an die Stirn.

»Ich hab ja deine Butterbrote vergessen!«

Allis trat von einem Fuß auf den anderen. »Ich hab dir doch gesagt, daß man keine Butterbrote mitzunehmen braucht! Wir kriegen in der Schule zu essen.«

So leicht gab Großmutter nicht auf. »Aber du hast sie doch
alle Tage aufgegessen, oder?«
In dem Augenblick kam Bonzo, der Hund, der am meisten
von den drei Hunden zugenommen hatte, seit Allis einge-
zogen war, und stellte sich erwartungsvoll vor Allis hin. Im
Vorbeigehen in die Küche sagte Großmutter:
»Bist du nicht ein bißchen dick geworden, Bonzo?«
Aber sie schien nicht zu begreifen, warum...
»Ich nehm heut gern ein paar Stullen, aber beeil dich,
Großmutter. Schnell!«
Und Großmutter konnte schnell sein, wenn sie mußte. In-
nerhalb von zehn Sekunden war sie fertig und steckte ein
Butterbrotpaket in Allis' Tasche.
»Man muß immer Butterbrote in der Tasche dabeihaben!
Das ist die Parodie meines Lebens«, stellte Großmutter
fest.
»Du meinst wohl Melodie«, sagte Allis.
Großmutter sah erstaunt aus. »Was hat eine Melodie mit
Butterbroten zu tun?«
Allis packte ihre Tasche, scheuchte die Hunde beiseite und
verschwand zur Wohnungstür hinaus, ehe die Großmutter
anfangen konnte, zu sehr über Melodien nachzudenken.
Jetzt kam es darauf an, die Kurve zu kriegen, bevor Groß-
mutter auch noch anfing zu singen.

Draußen auf der Straße stand der graue Bauwagen, der
dort abgestellt war, seit die Schule angefangen hatte. Der
Storch aus Plastik stand auch noch da, und Allis hatte es

sich zur Gewohnheit gemacht, ihn wippen zu lassen, wenn sie an ihm vorbeikam. Oft klopften die Bauarbeiter drinnen im Bauwagen an die Fenster und winkten ihr zu, wenn sie den Storch wippen ließ. Vielleicht glaubten sie, sie interessiere sich für Sigge, der dort in dem Wagen mit seinem Papa wohnte. Sigges Papa war einer der polnischen Bauarbeiter, die sich in dieser Straße niedergelassen hatten. Aber ihr war doch Sigge egal! In der Klasse redeten sie kaum miteinander. Meistens schmierte er in seinen Büchern herum und schien in Gedanken woanders zu sein, und Allis, sie war in Gedanken auch woanders, obwohl es ihr besser als Sigge gelang, so zu tun, als interessiere sie sich für die Versuche der Lehrerin, ihnen etwas beizubringen.

Allis hatte dem Storch gerade einen Schubs gegeben und ihn auf seinen dünnen Beinen zum Wippen gebracht, als eine Männerstimme hinter dem Bauwagen brüllte:

»Sikorka!«

Und dann ein paar schnelle Wörter auf polnisch, vermutete Allis. Es hörte sich an wie »Beeil dich! Ein bißchen dalli!« Und das bedeutete es wohl auch, denn aus der Tonne, die die Männer auf die Straße gestellt hatten, kam Sigge geschossen, einen alten Rollschuh im Arm. Sigge hielt ihn hoch, seinem Papa entgegen, und sagte ein paar schnelle, unverständliche Wörter. Zeigte wieder in die Tonne und schüttelte den Kopf. Er sagt, daß er nur einen gefunden hat, dachte Allis.

Jetzt warf er seinem Papa den Rollschuh zu, nahm die Plastiktüte vom Supermarkt, die seine Schultasche war, und begann, in Richtung Schule zu laufen. Aber Allis war einige Sekunden vor Sigge losgelaufen. Deshalb erreichte sie die Brücke über die Eisenbahngleise vor ihm. Jeden Morgen liefen sie über die Brücke, immer nah beieinander, aber nie zusammen. Mitten auf der Brücke blieb Allis stehen, ließ Sigge vorbei, ohne ihn auch nur anzusehen, und begann dann wieder zu laufen, als Sigge sich ein Stück entfernt hatte. Er tat auch so, als ob er sie nicht sähe. Aber wenn sich zwei so gar nicht umeinander kümmern, kann ein Gefühl entstehen, einander sehr nah zu sein. Das sind zwei vom selben Schlag. Auf diese Weise sahen die anderen Kinder in der Klasse Allis und Sigge. Sie gehörten zusammen.

Jetzt wurde also die Klassentür mit einem Ruck aufgerissen, und wer stand da im Flur? Sigge und Allis natürlich, ganz außer Atem. Die Lehrerin seufzte tief, ehe sie sagte:

»Wenn man nicht mehrere Wochen lang fast jeden Tag zu spät kommen will, gibt es einen Trick. Man muß einfach von zu Hause losgehen, man muß nicht laufen, nur gehen, aber fünf Minuten früher. Es ist ganz leicht. Man muß nur wollen.«

Weder Sigge noch Allis schien die Predigt der Lehrerin besonders zu erschüttern. Die beiden gingen zu ihren Plätzen und ließen sich mit einem hörbaren Plumps fallen.

»Heute ist der Tag, an dem jeder sein Heim vorstellt«, sagte die Lehrerin mit ihrer muntersten Stimme. »Warum nicht ganz hinten anfangen, Sikorka, Allis, ihr könnt wieder nach vorn hüpfen!«

Widerwillig erhoben sie sich. Sigge entdeckte eine Fliege

auf seiner Tischplatte, eine von diesen trägen, kaum flug-
fähigen Fliegen, die im Herbst in die Häuser kriechen auf
der Suche nach der letzten Wärme. Aber sie hätte sich vor
Sigges Platz in acht nehmen müssen.

Klatsch! Jetzt lag sie in einer Aushöhlung auf Sigges Tisch.

Allis kümmerte sich nicht darum, was er tat. Sie ging mit
einem puppenstubenähnlichen Holzkasten, den sie zusammen mit Großvater gebaut hatte, nach vorn zur Lehrerin.
Und da Großvater ihr geholfen hatte, war der Kasten voller kleiner Kästen, die eine Radioanlage darstellen sollten.
Ein sehr wichtiger Bestandteil eines Heims...

»Sikorka!«

Die Stimme der Lehrerin war wie ein Peitschenknall.

Sigge sprang so heftig auf, daß er fast den Tisch umgewor-
fen hätte, und angekommen bei der Lehrerin, holte er
einen merkwürdigen Pappkarton aus seiner Supermarkt-
Plastiktüte und hielt ihn auf dem Rücken versteckt, damit
ihn niemand sah.

»Du kannst anfangen, Sigge«, sagte die Lehrerin mit be-
deutend freundlicherer Stimme.

Man konnte übrigens immer genau merken, ob sie böse
war auf Sigge oder nicht, denn wenn sie böse war, nannte
sie ihn Sikorka, und das klang aus ihrem Mund wie ein
Schimpfwort.

»Sigge. Jetzt zeig mal dein Heim, damit es alle sehen können.«

Sigge stellte sich mitten vor die Klasse und hielt ihr seinen
Karton hin. Früher waren Apfelsinen darin gewesen, jetzt
war er voller kleiner Betten, die übereinandergestapelt wa-

ren. In einer Ecke stand ein einsames kleines Bett, gerade groß genug für Däumelinchen oder Däumeling.

»Das hier ist meine Heim«, begann Sigge. Er war nervös und sprach gebrochen, und einige Jungen in der Klasse prusteten los. »Meine Heim, meine Heim!« wiederholten sie.

So leicht ließ Sigge sich nicht aus dem Text bringen.

»Ich wohne mit mein Papa Wladislaw Tczyniecki und seine Arbeitskollegen. Hier wohn ich.«

Sigge zeigte auf das Däumeling-Bett.

»Und hier wohnen sie.«

Jetzt zeigte er auf die übereinandergestapelten Betten. Es sah eng aus. Es sah so eng aus, daß man hysterisch werden könnte, wenn man da wohnen müßte, und die Lehrerin schien nicht richtig zu wissen, was sie zu einem Heim wie diesem sagen sollte.

»Ihr habt also viele Freunde. Wie heißen sie?« fragte sie zögernd.

»Muß ich?« fragte Sigge und versuchte der Lehrerin zu signalisieren, daß er es lieber nicht sagen wollte.

Aber die Lehrerin nickte auffordernd. Allis blinzelte in Sigges Richtung und sah einen Schweißtropfen in einem seiner Augenwinkel glitzern. Wenn es denn nun Schweiß war. Seine Stimme klang ruhig, als er sagte:

»Ravson, Klymkow, Ljeskow, ja, die bauen also, und Papa, und dann gibt es zwei Maler, die Brüder Taikon, und dann sind noch die Jungs, die helfen, Timo und Platow. Das sind alle. Und ich also.«

Die Lehrerin lächelte ein schiefes Lächeln. Die Klasse war

wie verzaubert, bis Morgan, der König der Klasse, anfing zu schnauben. Er hatte eine besondere Art zu schnauben, indem er die Luft durch die Nasenlöcher ausstieß. Das klang sehr verächtlich und hatte jedesmal zur Folge, daß mehrere Kinder in der Klasse anfingen, genauso zu schnauben, nachdem Morgan das Startsignal gegeben hatte.

»Müßt ihr euch die Nase putzen?« fragte die Lehrerin giftig.

Langsam nahm der Schnaub-Anfall ab, aber die Lehrerin war richtig gereizt.

»Was ist daran so lustig, Morgan?«

Darauf hatte Morgan keine Antwort.

»Na, also! Danke, Sigge. Setz dich. Jetzt ist Allis dran.«

Vor der Klasse zu stehen, das hatte Allis innen drin ganz kalt werden lassen. Sie wußte, daß sie eher hätte kribblig werden sollen, aber kribblig war sie nicht. Sie hatte das Gefühl, irgendwo ganz anders zu sein, und eine andere Allis, die nur so tat, als ob sie Allis wäre, war vor die Klasse getreten. Eine Allis, auf die sie sich nicht richtig verlassen konnte. Diese Allis könnte wer weiß was sagen, und das tat sie auch, denn sie hörte sie sagen:

»Zuerst soll ich von Großmutter bestellen, sie findet das hier blöd. Alles Quatsch, hat sie gesagt. Aber das ist also unser Heim, Großmutter und Großvaters Heim also. Mama und Papa mußten unser Heim ja verkaufen, als sie Pleite gemacht haben. Jetzt fahren sie zur See.«

Die wirkliche Allis hätte die andere Allis erwürgen können, während sie das sagte. War sie denn verrückt? Was

ging das die Klasse an? Was würde sie als nächstes aus-plaudern. Da kam die Fortsetzung:
»Jedenfalls, hier kann man die ganze Welt hören.«
Sie zeigte auf die Streichholzschachteln, die die Radioan-lage vorstellen sollten.
»Das ist ein Kurzwellenradio. Und hier arbeitet Großmut-ter, in der Küche also. Da bereitet sie Festessen vor. Groß-vater arbeitet meistens in der Garage. Er repariert Autos. Sie wohnen in dem großen Zimmer, gleich neben dem Kurzwellenradio. Ich wohn in einem Zimmer, das ist wie eine Röhre. Aber die Hunde wohnen überall. Abends ist Großmutter fast immer weg. Sie serviert den feinen Leuten im Haus das Essen. Das sind Leute, die können es sich lei-sten, viele Gäste zum Essen einzuladen. Alle im Haus sind reich, nur wir nicht. Sie sind reich, weil Großmutter und Großvater schuften. Ach nee, das ist zu schwer zu erklä-ren.«
Die andere Allis war verrückt! Und die Lehrerin war zu-frieden, daß sie fast platzte!
»Gut, Allis. Ich finde, das war interessant. Was braucht man für Werkzeug, wenn man in einem Haus arbei-tet? Deine Großeltern sind ja auch Hausmeister, nicht wahr?«
Da schlug die andere Allis wieder zu. Heute war ihr großer Tag. »Scheuerbürste, Eimer und Wischlappen, Schlüssel – massenhaft Schlüssel. Man muß überall aufschließen kön-nen.«
»Da haben sie sicher ein großes Schlüsselbund!«
Die Frage genügte, und die andere Allis lief zum Platz ganz

hinten, holte das Schlüsselbund aus der Tasche und reichte es in der Klasse herum, damit es alle sehen konnten. Sigge guckte Allis an, als ob er sich auch fragte, ob sie durchgedreht war. Aber die anderen schienen alles ganz normal zu finden.

Mit einem Klatsch erschlug Sigge noch eine Fliege, und endlich wurde die richtige Allis wach. Mit Abscheu verfolgte sie die Wanderung des Schlüsselbundes durch neugierige Hände, von Tisch zu Tisch, und sie fragte sich, woher die Anwandlung gekommen war.

»Danke, Allis«, sagte die Lehrerin und nickte sehr freundlich in Allis' Richtung. »Und Sikorka, die nächste Fliege läßt du leben, sonst zeig ich dir mal, was ein Kurzschluß ist«, fügte sie hinzu. Und zum ersten Mal konnte man ahnen, daß die Lehrerin noch eine andere war als die Lehrerin. Auch in ihr gab es noch einen anderen Menschen. Sie tut nur so, als wäre sie eine Lehrerin, wenn sie den ganzen Tag rummeckert, dachte Allis.

Johanna dagegen, die war, wie sie war. Sie leistete natürlich ihrer Freundin, der Hundeliebhaberin Tina, Gesellschaft und zeigte ein Heim vor, das das exakte Abbild eines normalen Heims war: drei Zimmer und Küche und überhaupt nichts Besonderes. Die beiden Hundeliebhaberinnen standen dicht nebeneinander.

Johanna rückte ihre Haarspange im Nacken zurecht und warf Allis einen bösen Blick zu, bevor sie begann:

»Hier wohnen ich und meine Mama. Ich wünsche mir einen Hund. Aber Mama muß schon niesen, wenn sie Hunde nur sieht. Mein Papa ist auf Reisen. Er wohnt nicht bei uns, aber wenn er nicht auf Reisen wäre, würde er vielleicht mehr mit mir zusammensein – und vielleicht hätte er einen Hund.«

Klatsch!

Und die Lehrerin zeigte ihnen wirklich, was ein Kurzschluß ist. Ihr Gesicht sah aus wie »Der Krieg der Ameisen«, während sie schrie:

»Laß um Gottes willen die Fliegen leben! Stör nicht die ganze Zeit den Unterricht. Raus hier!«

Sigge verschwand aus dem Klassenzimmer, nachdem er seine schreckliche Fliegensammlung sorgsam zusammengefegt und in seine Westentasche gesteckt hatte. Niemand vermißte ihn direkt, als er verschwunden war, und er hatte auch nicht so ausgesehen, als ob er die Klasse vermissen würde. Allis war ihm verwundert mit Blicken gefolgt. Was hatte er vor?

»Jetzt hören wir Tina zu«, sagte die Lehrerin und nahm einen tiefen Schluck aus ihrem beruhigenden Wasserglas. Sie fügte hinzu: »Und vielen Dank, Johanna. Aber nächstes Mal bitte ein bißchen weniger Hunde. Wir wissen, daß du Hunde gern hast.«

Tina sah aus, als ob sie nicht nur eine Zitrone, sondern die ganze Karte von Sizilien verschluckt hätte. Sie wollte doch gerade von Hunden reden. Was war ein Zuhause ohne Hunde? Jetzt wurde sie so nervös, daß sie statt dessen von ihrem Zuhause redete, wie es wirklich war: »Ich wohne zusammen mit meiner Mama und ihrem neuen Freund. Er heißt Sven und hat einen Sohn, der Emanuel heißt. Aber der wohnt nicht bei uns. Er wohnt bei seiner Mama und ihrem neuen Freund. Der heißt Anders und hat eine Tochter. Die heißt…«

Weiter kam Tina nicht. Die Pausenklingel erlöste alle. Jemand warf Allis mit großer Präzision das schwere Schlüsselbund quer durch die Klasse zu. Es krachte wie eine Bombe auf ihren Tisch. Rasch steckte Allis es in ihre Tasche, aber dann lief ein Schütteln durch ihren ganzen Körper, ein Nachbeben von der Bombe, die sie wirklich erschreckt hatte. Es war dieser plötzliche, heftige Knall, der mitten in ihrem Herzen explodiert war. Und Allis erinnerte sich an das Gefühl, wie es im einen Moment ganz ruhig gewesen war und im nächsten das Chaos. Das Chaos von Kindern, die von einem Schulhof gestürmt kommen. Sie kommen auf Allis zugelaufen. Eine Allis, die von allem wegrennt, wegläuft, weg, ohne zu spüren, daß sich ihre Beine bewegen.

»Allis, es ist Pause.«

Sie fühlte die Hand der Lehrerin auf ihrer Schulter.

»Ist etwas passiert?«

Die Stimme der Lehrerin klang ehrlich besorgt.

»Ich hab nur geträumt«, antwortete Allis und verließ rasch das leere Klassenzimmer.

Gymnastik! Macht das wirklich so wahnsinnigen Spaß? Einem Ball hinterherzujagen? An den Kniekehlen zu hängen? Es gab welche, denen gefiel das, aber Allis fand, es war eine Plage. Nicht, daß sie es nicht schaffte, einem Ball zu alberner Musik nachzujagen, aber sie wollte nicht. Außerdem hatte sie furchtbar häßliche Gymnastikklamotten, nicht so eine Art Ballettanzug wie die anderen Mädchen in der Klasse, sondern nur Sommershorts und ein T-Shirt. Aber die häßlichsten Klamotten hatte nicht sie, die hatte Sigge. Es war nicht mehr zu erkennen, was seine kurzen Hosen und der schlottrige Pulli mal gewesen waren. Man müßte es einmal erforschen, hatte Morgan in der letzten Gymnastikstunde gesagt.

Vielleicht war die Stimmung schon jetzt, während sie durch den langen Flur im Keller zu ihren Schränken liefen, ziemlich angespannt. Besonders zwischen Morgan und Sigge. Und richtig. Kaum waren sie bei den Schränken angekommen, die vor den beiden Umkleideräumen standen, da versetzte Morgan Sigges Schrank einen gut gezielten Tritt. Der hatte gesessen. Sigge wurde so wütend, wie Allis noch nie jemanden wütend gesehen hatte. Erst ging er an die Decke, wie man so sagt, wenn Leute wütend sind, und Sigge tat das wirklich. Als er wieder landete, packte er Morgan am Hemd und riß und zerrte an ihm. Er schüttelte ihn, schrie:

»Scheiß! Du bist ein Scheiß! Ein Scheiß!«

Die Lehrerin kam durch den Korridor gestürzt. Schon von weitem rief sie: »Beruhige dich, Sikorka! Ganz ruhig!«

»Er soll nicht meinen Schrank treten!« brüllte Sigge und schüttelte Morgan noch ein paarmal, als ob Morgan ein Milch-Shake wäre.

Jetzt hatte die Lehrerin die beiden Kampfhähne erreicht, und mit der einen Hand packte sie Morgan, mit der anderen Sigge. Erstaunlich ruhig sagte sie: »Nein, Morgan, man darf nicht gegen Schränke treten, niemals. Man schlägt auch nicht, und das gilt auch für dich, Sikorka! Nicht treten, nicht schlagen. Kapiert?«

Sie schien zu glauben, sie hätten es kapiert, denn sie ließ die beiden los und wandte sich zur Klasse um. Im selben Augenblick nahm Morgan einen Anlauf und trat gegen Sigges Schrank, so sehr, daß der erste Tritt kaum mehr als ein kleiner Stupser mit dem Zeh gewesen war. Sigge stürzte sich wieder auf Morgan und versuchte, ihn an der Kehle zu packen.

»Hört auf! Alle beide! Hört sofort auf!«

Die Lehrerin brüllte so laut, daß Morgan und Sigge für einen Augenblick voneinander abließen.

Jetzt standen sie sich gegenüber und maßen einander mit Blicken. Rasch bildete die Klasse einen Kreis um sie. Dies hier schien sich ja zu einer richtig lustigen Gymnastikstunde zu entwickeln. Nur Allis zog sich ein Stück zurück, stand dort im Korridor ganz für sich allein.

Die Lehrerin hatte sich zwischen Morgan und Sigge gedrängt, und Morgan fauchte mit unterdrücktem Zorn:

»Er soll aufhören, mich zu beklauen, und alles versteckt er in seinem Schrank. Er soll damit aufhören!«

Aus dem Kreis der anderen rief jemand:

»Ja! Seit Sigge gekommen ist, verschwindet alles!«

Und eine andere Stimme fügte hinzu:

»Und Allis. Seit die beiden gekommen sind.«

Allis erkannte Tinas Stimme.

»Ja, jemand hat die Münzen von meinen Loafers geklaut Mama mußte neue dranmachen. Sie war stinkwütend.«

Johanna streckte einen Loafer vor, damit es die Lehrerin auch sah.

»Von meinen auch! Gucken Sie mal!«

Die Lehrerin sah Sigge streng an.

»Ist das wahr?«

Allis schielte zu Sigge und sah, daß er wegguckte. Sein Gesicht war starr und blaß. Er sah sehr schuldig aus.

Morgan sprach jetzt das Wort aus, das alle dachten:

»Sigge ist ein Dieb. Er ist ein gemeiner Dieb!«

Jetzt schloß sich der Kreis enger um Sigge. Die Lehrerin und Morgan waren ein Stück beiseite gegangen. Die Stimme der Lehrerin war sehr scharf, als sie jetzt sagte:

»Öffne deinen Schrank, Sikorka. Wenn du nichts zu verbergen hast, kannst du uns den Inhalt ja ruhig zeigen. Meine Güte, wie du schwitzt! Schwitzt du immer so oder nur, wenn du ein schlechtes Gewissen hast?«

»Ja.«

Das war das einzige, was Sigge sagte.

»Was heißt ja?«

Die Lehrerin war nicht zufrieden mit der Antwort. Und sie fuhr fort:

»Jetzt öffnest du den Schrank. Was muß ich denn sonst von dir denken?«

Obwohl die anderen Kinder eine Mauer hinter Sigge bildeten, konnte Allis ihn sehen, wie er dastand vor seinem Schrank, und der Schweiß floß in Strömen. Oder stand er vor seinem Versteck mit Diebesgut?

Jetzt fingen die Stimmen aus dem Haufen wieder an zu rufen:

»Sigge sammelt Fliegen!«

»Ih, wie eklig«, rief eine andere Stimme, und die nächste setzte noch eins drauf:

»Scheißeklig!«

Sigge holte tief Luft, so tief, daß es durch das Stimmengewirr zu hören war. Dann angelte er den Schrankschlüssel aus einer der vielen Westentaschen hervor, stieß einige Klassenkameraden beiseite und zischte:

»Weg da!«

Ein Mädchen zeigte auf seine Schuhe.

»Guckt mal, was für Treter! Plastik! Das ist mir noch gar nicht aufgefallen. Die sind ja aus Plastik!«

Schallendes Gelächter füllte den Korridor. Allis war die einzige, die nicht lachte, aber sie hatte ja auch aufgehört zu lachen, für immer. Doch selbst wenn sie noch gelacht hätte, was hieran so lustig sein sollte, das konnte sie nicht verstehen. Im Gegenteil. Es war widerlich! Sie wünschte, sie wäre woanders. In einer anderen Schule, in einer anderen Klasse, zusammen mit anderen Freunden. Freunden! Von denen man weiß, daß man sie kennt! Niemals hätte Ann über das hier gelacht! Niemals hätte sie ihre Schuhe vorgezeigt und wegen irgendwelcher blöder Geldmünzen gejammert! Ann hätte – Allis sah auf. Im Kellerkorridor war es ganz still geworden.

Sigge hatte den Schlüssel in das Schlüsselloch seines Schranks gesteckt. Allis hielt sich die Hände vor die Augen. Sie wollte blind sein, bis alles vorüber war. Das hier wollte sie um keinen Preis sehen. Also sah sie nicht, wie Sigge sich vor seinem Schrank auf die Knie niederließ, mit einer Hand seine Stirn berührte, sein Herz, die andere Seite des Brustkorbs, wieder die Stirn. Er bekreuzigte sich auf katholische Weise, aber das wußte nur die Lehrerin. Dann flüsterte er dem Schrank zu:

»Ruhig, ganz ruhig, ich bin das nur. Jetzt öffne ich. Ganz ruhig.«

Sigge konnte sein eigenes Herz schlagen hören. Er hatte solche Angst, daß er die Autos oben auf der Straße hören konnte und das dumpfe Rauschen einer Entlüftungstrommel. Er streckte den Arm in den Schrank, und als der Arm wieder zum Vorschein kam, saß ein Vogel auf seiner Hand. Ein Vogel, der verschlafen in das Licht blinzelte, das durchs Kellerfenster sickerte. Sigge schloß sofort die Arme um den Vogel, um ihn vor allem Bösen, das ihn umgab, zu schützen.

Allis hörte, wie die ganze Klasse nach Luft schnappte. Was war passiert? Sie mußte gucken! In dem Augenblick, als sie die Hände von den Augen nahm, wandte Sigge sein Gesicht in ihre Richtung. Er sah so ernst aus! Und in seinen Augen war etwas, das Allis kannte. Er wußte etwas. Er wußte, wie es ist, wenn jemand verschwindet, den man geliebt hat. Der nicht weggeht, um wiederzukommen, sondern verschwindet, für immer. Diesen Vogel wollte er nicht verlieren. Da war Allis ganz sicher.

Aber die Lehrerin, die verstand gar nichts. Sie war eher ein wenig verwirrt.

»Aber Sigge, man kann doch so einen Vogel nicht gefangenhalten. Vielleicht dort, wo du herkommst, aber nicht hier in Schweden. Nicht in einer schwedischen Schule.«

Bei ihr klang »schwedische Schule« fast nach einer Art Schloß. Und »dort, wo du herkommst« klang wie der Name einer Müllkippe.

Sigge flüsterte: »Er ist verletzt. Ich pflege ihn. Er soll wieder ganz werden. Das hab ich bestimmt. So ist das nun mal.«

»Aber er gehört dir nicht, Sigge, er – er...« Die Lehrerin suchte nach Wörtern.

Sigge schaute auf, er sah der Lehrerin in die Augen, und er sah, daß sie es nicht verstehen würde. Ihm fiel etwas ein, das seine Großmutter oft gesagt hatte: »Jemandem, der nur den Tag gesehen hat, kann man die Nacht nicht erklären.«

Sigge faßte einen Entschluß. Es dauerte nur den Bruchteil einer Sekunde, aber es war wie eine Ewigkeit. Dann kam Bewegung in seine Beine, und er lief durch den Haufen von Klassenkameraden, die dastanden und ihn anstarrten. Er senkte den Kopf und schützte den Vogel mit seinen Armen. Niemand konnte ihn aufhalten. Die Klasse wirkte überrumpelt. Als er an Allis vorbeikam, lief er etwas langsamer, denn es war gar nicht so leicht, mit einem Vogel unter der Jacke zu rennen. Allis flüsterte etwas. Er wollte sich nicht darum kümmern, aber sie guckte ihn so intensiv an, daß er stehenblieb.

Sie flüsterte: »Sigge! Die Schlüssel! Bring den Vogel auf den Dachboden von unserem Haus. Ganz, ganz oben. Hinter der Eisentür.«

Sie dachte gar nicht darüber nach, was sie da tat. Sie holte einfach das Schlüsselbund hervor und drückte es Sigge in die Hand.

»Bring es mir nachher wieder. Ich brauch es, wenn die Schule aus ist. Ganz oben, ganz oben, Sigge. Eil dich!«

Sigge wurde wieder schneller und verschwand. Die Lehrerin begann, nach ihm zu rufen. Nicht böse, sondern verzweifelt, so, als ob es ihr leid tat.

»Sigge! Bleib stehen, Sigge! Wir müssen darüber reden!«

Aber Sigge war verschwunden.

Allis hatte gar nicht bemerkt, daß sie genau unter einem Kellerfenster stand, aber jetzt fiel ein Streifen des dünnen Tageslichts durch das Fenster, und es fiel wie ein Lichtband auf ihren Arm. Plötzlich erinnerte sie sich an den Engel, der eines Nachts in ihr Zimmer gekommen war.

»Sein Name bedeutet kleiner Vogel.«

Die Lehrerin rief ein letztes Mal: »Sikorka!«

Aber woher sollte der Engel Sigge kennen?

DRITTES KAPITEL

Vergiß nicht,
daß es blaue Pferde gibt

An einem Tag war sie noch dagewesen, Sigges Mama, genau wie alle anderen Mütter, die es immer und immer gibt. Man kann sich nicht einmal vorstellen, daß eine Mama plötzlich verschwinden könnte.

Dennoch passiert es.

Es gehört zu dem Unvorstellbaren im Leben, aber auch das Unvorstellbare kann geschehen. Im Krieg und im Frieden. Die Kinder leben weiter, mit einer besonderen Art Trauer in ihrem Herzen. Einer Trauer, die unsichtbar ist, denn wäre sie sichtbar, dann sähe man aus, als ob man verrückt wäre. Es ist eine Trauer, die zu groß ist, als daß man sie zeigen könnte. Man trägt sie mit sich herum. Oder wie eine unsichtbare Last auf den Armen.

Ja, als Sigge den Vogel die sechs hohen Treppen aus Marmor in Allis' Haus hinauftrug, hatte er ein Gefühl, als ob der Vogel in seinen Armen die Trauer selbst sei. Die Trauer hatte sich in Freude verwandelt – erst war seine Mama ein Engel geworden, aber dann wurde sie in einen Vogel verwandelt und war direkt in seine Arme gefallen. Jedenfalls wollte er das glauben.

Es war ein Unglück gewesen, was seiner Mama widerfahren war, und die Zeitungen in ganz Polen hatten darüber geschrieben. Eine kleine Fabrik, die Farben für Künstler herstellte, war explodiert. Die Fabrik, in der Sigges Mama arbeitete. Sie verpackte Farbtuben in kleine Kisten, die nach Kirschbaumholz rochen. Bis in den Schlaf konnte Sigge sich an den Duft nach Kirschbaumholz erinnern. Die Holzkisten hinterließen ihren Duft bei Mama, während sie arbeitete, und wenn sie nach Hause kam und Sigge umarmte, gab sie den Duft weiter. Er verschwand nicht einmal, als Mama fort war.

Die ganze Fabrik war explodiert oder in die Luft geflogen, wie Sigges Papa sagte. Er hatte getobt vor Wut. Dann war er still gewesen. Und dann wieder zornig. Und wieder still. Bestimmt hatte jemand mit dem Gashahn gepfuscht. Und dann hatte jemand mit einem Glimmstengel gepfuscht. Als Sigges Papa endlich wieder ein wenig normal wurde, beschloß er, aus der Stadt wegzuziehen, in der sie immer gelebt hatten. Er ertrug es nicht, dort den Regenbogen zu sehen, sagte er eines Tages, als es regnete und gleichzeitig die Sonne schien. Sigge verstand, was sein Papa meinte. Sie verließen die Stadt, in der Sigge aufgewachsen war. Alle neuen Orte, in die sie kamen, waren Teile einer fremden Welt. Zuerst neue Städte zu Hause in Polen. Dann neue Länder. Aber hier wie da immer die gleichen Regenbogen... Sigge zog mit seinem Papa, ihm blieb ja nichts anderes übrig. Er mochte seinen Papa. Er hatte ihn genauso gern, wie er die ständig wechselnden Schulen haßte. Überall gab es einen Morgan. Aber jemandem wie Allis war er noch nie begegnet. So verbissen! So verbiestert. So eisig die ganze Zeit. Warum hatte ausgerechnet sie ihm geholfen? Was verbarg sie hinter ihrem eisigen Gesicht?

Hinter der Eisentür, die am Ende der unzähligen Treppenstufen war, bellte ein Hund. Jetzt war er ganz oben im Haus, da war nur noch die Eisentür, dann kam wohl der Dachboden. Aber der Hund? Und noch ein Hund! Sie bellten um die Wette. Wütend kratzten sie mit den Pfoten an der Innenseite der Tür. Sie schienen ihn und den Vogel zu wittern. Sigge zuckte zurück, stolperte rückwärts die oberste Treppe hinunter. Hinter dem Lift fand er eine Fensternische. Dort drückte er sich hinein. Jetzt hörte er eine alte Frauenstimme – vielleicht war es Allis' Großmutter – mit den Hunden sprechen. Zuerst freundlich:

»Ist der Hund wirklich der beste Freund des Menschen?«

Sigge gab sich selbst halblaut eine Antwort: »Nein!«

Dann klang die Stimme der Großmutter hinter der Tür ärgerlicher.

»Ihr benehmt euch wie dumme Dorfköter!«

Sigge wußte nicht, was das bedeutete, aber es stimmte sicher. Er legte die Arme enger um den Vogel und hielt fast die Luft an, als er hörte, wie die schwere Eisentür geöffnet wurde.

»Ihr reißt mich ja fast um! Was ist denn mit euch los? Hört jetzt auf mit dem Theater. Könnt ihr euch denn überhaupt nicht benehmen? Glaubt ihr etwa, ihr seid auf der Jagd? Ihr erschreckt ja die Leute im Haus, daß sie der Schlag trifft.«

Mich jedenfalls, dachte Sigge. Was für ein Glück, daß die Hunde angeleint sind.

Sigge schickte ein schnelles Dankgebet zu den höheren Mächten. Die Krallen der Hunde kratzten auf der Treppe. Die Großmutter riß an der Leine. Immer noch bellten und jaulten sie, obwohl die Großmutter ununterbrochen mit ihnen schimpfte:

»Habt ihr den Verstand verloren? Ich werd euch verkaufen! Ich verschenk euch an die Heilsarmee!«

Endlich wurde die Lifttür geöffnet. Nach einem kurzen Kampf gelang es der Großmutter, die Hunde in den Lift zu bugsieren, das Gitter vorzuziehen und die Tür hinter sich zu schließen. Während der Lift abwärts durch das Treppenhaus verschwand, ertönte ein richtiger Vortrag:

»Und euch soll man mit Leberpastete füttern? Und ihr wollt Herrchens Lieblinge sein? Ich geb's auf! Jault doch noch lauter! Jault so laut, daß es die ganze Stadt hört!«

Sigge richtete sich auf und ging mit kleinen, leisen Ameisenschritten die letzte Treppe hinauf. Holte das Schlüsselbund hervor und begann, vorsichtig einen Schlüssel nach dem anderen auszuprobieren. Der siebte Schlüssel paßte! Das Schloß öffnete sich mit einem Klick. Die Tür zum Dachboden glitt auf. Eine Wolke von Dachbodendunkel quoll heraus. Ein Duft nach Holz, der aus den breiten Dachsparren kam. Ein Hauch von Staub und ein leicht stechender Schimmelgeruch von Sachen, die in der Dunkelheit des Dachbodens versteckt und vergessen worden waren. Aber es mußte doch wohl einen Lichtschalter geben? Unsicher tastete Sigge die Innenwand neben der Tür ab.

Da! Es war so ein Schalter, der das Licht nach einer Weile selbst wieder ausschaltete. Er hätte eine Taschenlampe gebraucht. Er hätte weniger Angst vor der Dunkelheit haben müssen.

Ich hab keine Angst vor Dunkelheit, kein bißchen, machte Sigge sich selbst Mut. Ich hab bloß Angst vor dem, was es im Dunkeln geben könnte... Aber jetzt muß ich mich beeilen, bevor das Licht wieder von selbst ausgeht, dachte er und betrat den unbekannten Dachboden. Rechts von ihm war ein hoher Hühnerdraht, der vor eine lange Reihe von Dachbodenverschlägen gespannt war. Aber dort wurde nichts weiter verwahrt als ein paar alte Zeitungen und einige leere Koffer, die Sigge mit geöffneten Deckeln angähnten.

Auf der linken Seite befand sich offenbar die Waschstube, denn von dort roch es nach Waschmittel, und er hörte eine Waschmaschine rumpeln. Geradeaus war noch eine Tür, eine einfache Tür aus Holz, die man ohne weiteres mit dem Fuß aufstoßen konnte. Dort drinnen hingen massenhaft weiße Laken auf weißen Leinen. Es sah aus, als ob er in den Himmel gekommen wäre, genau an die Stelle, wo die Wolken aufgehängt waren. Durch einige runde Fensterluken floß Licht. Jetzt brauchte er nicht mehr nervös zu sein wegen der Dunkelheit – das war er ja übrigens auch gar nicht gewesen... Und dort, in der Ecke des Trockenbodens, sah er im Dach eine Klappe aus Holz. Weiter oben gab es noch einen kleinen Dachboden! Den hatte Allis wohl gemeint. Und dort, an der Wand unter der Klappe, stand eine Leiter. Na, prima!

Er lief zu der Leiter, und der Luftzug von seinen schnellen Bewegungen ließ die Laken leise flattern. Es sah aus, als ob zehn Gespenster angefangen hätten zu tanzen. Sigge schloß für einen Augenblick die Augen und sagte sich, wenn es etwas gab, wovor er sich nicht fürchtete, außer vor Dunkelheit, dann waren das Gespenster auf dem Dachboden. Als er die Augen öffnete, waren die Gespenster wieder zu Laken erstarrt.

»Keine Angst«, flüsterte er dem Vogel zu, »du bist nicht allein. Du hast immer mich.«

»Ist Sigge zu Hause?«

Allis klopfte an das Fenster des Bauwagens. Sie sah dort drinnen ein paar Männer Karten spielen. Die Tür auf der Längsseite des Wagens wurde geöffnet, und ein Mann in gestreiftem Anzug trat heraus und sah sich nach dem um, der geklopft hatte. Sein Gesicht leuchtete auf, als er Allis entdeckte.

»Ist Sigge zu Hause?«

Der Mann schien nicht zu verstehen, was sie sagte. Er verschwand im Wagen, ließ aber die Tür offen. Drinnen neben der Tür hing ein Rollschuh. Allis hörte den Mann mit den anderen Männern reden. »Ljeskow!«

Und dann sagte er etwas auf polnisch, es mußte ja Polnisch sein, und ein anderer Mann tauchte in der Tür auf. Auch er trug einen Anzug, seiner war jedoch glänzend und blau.

»Ich möchte wissen, ob Sigge zu Hause ist. Sigge Tczyniecki?«

Da drinnen riecht es nach Wolldecken, dachte Allis. Wolle und Kaffee, Honig und noch nach etwas anderem, das sie nicht kannte. Doch, sie kannte den Geruch. So roch Sigge, wenn er an ihrem Platz vorbeiging und eine Spur dieses Geruchs in der Luft hinterließ. Fast gegen ihren Willen gefiel ihr dieser Geruch. Er roch nach »zu Hause«. Sollte sie noch einmal die Aufgabe bekommen, ein Zuhause zu beschreiben, würde sie auch vom Geruch reden. Der war es, der das Zuhause ausmachte.

»Sikorka Tczyniecki«, sagte der Mann in der Tür.

»Okay.«

Aber kein Sigge kam heraus. Das Okay bedeutete nur, daß der Mann ihre Frage verstanden hatte. Allis versuchte zu zeigen, was sie meinte, indem sie einen Schlüssel in die Luft malte. Sie drehte ihn in der Luft um und sagte sehr langsam:

»Er hat meinen Schlüssel. Ich komm zu Hause bei Großmutter nicht rein. Ich bin – ausgeschlossen.«

Der Mann schüttelte bekümmert den Kopf.

»Okay«, sagte er noch einmal und lächelte Allis sehr freundlich an.

Lächeln öffnet vielleicht den Weg zwischen Menschen, aber keine verschlossenen Türen.

Allis trottete davon.

Das war typisch Sigge!

Natürlich war er nicht mit den Schlüsseln in die Schule zurückgekehrt.

Vor Großvaters Garage stand der rote Sportwagen. Eingedellt. Allis blieb stehen und grübelte über das Dasein nach.

Das war mal wieder typisch der Professor. Warum waren die Leute ständig so typisch?

Das Garagentor war abgeschlossen. Großvater war auch unterwegs, um Besorgungen zu machen. Sie mußte sich wohl auf die Treppe setzen und warten, bis Großmutter zurückkam. Die würde sich freuen, wenn sie erfuhr, daß Allis keine Schlüssel hatte! Wie typisch sie sich freuen würde!

Hoch, ganz hoch unterm Dach oberhalb des Trockenbodens gab es einen kleinen Raum in einem Turm mit einer Uhr und zwei Fensteröffnungen. Der Fußboden war mit einer dicken Staubschicht bedeckt, die davon zeugte, daß seit vielen Jahren kein Mensch mehr hier oben gewesen war.

Jetzt war Sigge hier. Er lag auf dem Rücken und schlief. Der Vogel saß auf einem der rohen Holzbalken, die das Turmzimmer durchkreuzten. Auch der Vogel schien zu schlafen.

Der Duft nach Holz hatte Sigge schläfrig gemacht. Er hatte sich so heimisch gefühlt, daß er fast auf der Stelle eingeschlafen war, den Kopf gegen einen alten, zerschlissenen Sessel gelehnt. Spiralen ragten aus der Sitzfläche. Ansonsten war das Turmzimmer leer bis auf den Staub und die Sonnenstrahlen, die durch die Fensteröffnungen fielen.

Das Zimmer glich einem Vogelkäfig, obwohl es so viel größer war. Vor langer Zeit hatte ein Mensch in dem Sessel gesessen und sinniert… An die Zeit gedacht, die kommt und geht. Man konnte sich nicht lange im Turmzimmer aufhalten, ohne an die Zeit zu denken, denn im großen Uhrwerk an der Wand ruckte es hin und wieder, und die Zeit wurde wieder eingeteilt, Sekunde um Sekunde.

Auf dem Fußboden unterhalb des Vogels lag ein Häufchen toter Fliegen, die der Vogel verschmäht hatte. Sigge wußte nicht, was der Vogel überhaupt fressen wollte. Er hatte noch nie einen Vogel gehabt. Und er würde auch nie einen haben, das wußte er, denn sein Papa war so unnachgiebig gewesen. Nicht auszumalen, was wäre, wenn alle Männer in dem Bauwagen ein Tier hätten. Dann könnte man dort wahrscheinlich nicht wohnen. Aber warum konnte er keine Ausnahme machen, nur für Sigge? Sigge hatte gebettelt und gefleht, aber er hatte sich nicht getraut zuzugeben, daß er schon einen Vogel hatte. In einem Schrank im Schulkeller...

Nein, zwischen Sigge und seinem Papa war vieles nicht ausgesprochen worden. Sie waren verlegen voreinander, so seltsam das auch klingen mag. Als ob etwas mit ihnen beiden nicht stimmte, weil sie es nicht geschafft hatten, eine gewöhnliche Mama bei sich zu halten. Aber vielleicht war sie ja eine ungewöhnliche Mama gewesen, und Sigge hatte es nur nicht erkannt? Am besten konnte er sich an die Märchen erinnern, die Mama immer erzählt hatte. Sie hatte sie sich selbst ausgedacht, und die Märchen handelten von den beiden kleinen Mäusen Keep Cool und Max 10 Grad. Die Namen hatte sie auf dem roten Einwickelpapier von einem ausländischen Käse entdeckt. Er mußte immer noch lachen, wenn er an die Märchen dachte. Ja,

Mamas Märchen, die waren irgendwie voller Lachen. Manchmal erzählte er die Märchen weiter und erfand neue Abenteuer für die Mäuse, und wenn er das tat, war Mama nah.

Zwischen Sigge und seinem Papa gab es einen großen Abstand. Vielleicht würde der Abstand einmal abnehmen, aber bis es soweit war, lebte Sigge, als wäre er allein. Zu Hause in Polen hatte er Großmutter gehabt. An sie hätte er sich jetzt gewandt, wenn sie nur hier gewesen wäre. Sie hätte den Vogel in einem alten Nachschlagewerk gesucht und hätte ihm sagen können, was für einen Vogel er da gefunden hatte. Wenn er nur selbst lesen könnte in dieser neuen Sprache, dann hätte er schon längst alle Vögel nachgeschlagen, die es gibt. In der Schule tat er so, als ob er las. Versuchte sich alles einzuprägen, damit die Lehrerin weniger böse war.

Er war aufgewacht und betrachtete den Vogel. Manchmal kam es ihm so vor, als ob er sich von einem Tag zum anderen veränderte, aber das war wohl nur Einbildung. Er wollte alles für seinen Vogel tun. Es gut machen! Ihn wieder ganz machen!

Dunk. Dunk. Die Geräusche des großen Uhrwerks drängten sich in seine Gedanken und holten ihn endgültig in die Wirklichkeit zurück.

Allis! Die Schlüssel! Er mußte zurück zur Schule! Das war das letzte, das er dachte, ehe er wieder einschlief, und als er wieder erwachte, hatten die Zeiger einen ordentlichen Ruck nach vorn getan, denn es waren mehrere Stunden vergangen. Es war fast Abend. Auf jeden Fall war es zu spät, die Schlüssel in die Schule zu bringen... Sigge hob den Vogel vom Balken und nahm ihn in die Arme. Lange blieb er so sitzen, den Vogel nah an seiner Brust. Er konnte das Vogelherz an seinem Herzen spüren.

»Keine Angst«, flüsterte er, aber vielleicht sagte er es mehr zu sich selbst als zum Vogel.

Allis ließ sich auf dem Treppenabsatz gegenüber von Großmutters Tür nieder. Tja, hier saß sie also. Die Hunde hatten sofort ihre Witterung aufgenommen. Sie kratzten an der Innenseite der Wohnungstür, winselten und jaulten, was schließlich in Bellen überging.

»Still! Großmutter kommt bald. Ihr dürft nicht das ganze Haus stören!«

Jemand betrat den Lift. Allis hörte, wie irgendwo oben im Haus die Tür zugezogen wurde, und sah, wie sich die Liftdrähte bewegten. Jetzt war der Liftboden in Höhe von Allis, dann tauchten ein Paar alte Überschuhe, ein fleckiger Pelz und schließlich das Rosinengesicht der Gräfin auf, ein Gesicht, das ständig lächelte. Einmal vor langer Zeit hatte sich für alle Zeiten ein mildes Lächeln in ihren Mundwinkeln festgesetzt. Und sie jubilierte:

»Oh! Jagdhunde! Mein Gatte hatte auch Jagdhunde. Oh, oh, was für schöne Jagdhunde er hatte!«

Allis nickte zustimmend. Als der Lift mit der Gräfin nach unten verschwunden war, holte sie rasch das Butterbrotpaket aus der Schultasche. Sie wickelte das Butterbrotpapier auf, öffnete die Briefkastenklappe und schob die

Butterbrote durch den Schlitz. Endlich waren die Hunde still!

Jetzt kam der Lift zurück. Zuerst bewegten sich die Seile, dann tauchte das Liftdach auf, dann ein kleines Lächeln, das aussah, als wäre es immer dagewesen. Danach ein gefleckter Pelz. Ein Paar Überschuhe... Und Allis konnte sich nicht verkneifen zu fragen: »Fahren Sie ein bißchen mit dem Lift spazieren?«

»Ich bin einkaufen gewesen«, antwortete die Gräfin freundlich.

Da hörte Allis die Stimme der Großmutter:

»Aber Kind, du hattest doch heute das Schlüsselbund mit. Nun sag bloß nicht...«

Allis brauchte es auch nicht zu sagen, denn Großmutter hatte schon begriffen, daß das Schlüsselbund im Lauf des Tages irgendwie Beine gekriegt hatte.

»Ich hab es jedenfalls nicht verloren. Ich hab's nur vergessen«, log Allis. »Unterm Tisch. In der Schule. Du weißt doch, wir haben unser Projekt gezeigt, und ich hab ihnen vorgeführt, wie viele Schlüssel ein Hausmeister braucht. Man muß ja überall reinkommen können. In den Elektro-Verteiler-Raum, den Heizungskeller, auf den Dachboden und überall.«

Großmutter schien das nicht besonders zu imponieren.

»Das glaube, wer will!« Sie nahm Großvaters Schlüsselbund aus der Tasche, aber als sie die Tür gerade aufschließen wollte, ertönten leichte schnelle Schritte im Treppenhaus. Großmutter und Allis lauschten gespannt.

»Wer rennt da auf der Treppe?«

Keine Antwort.

»Das ist wohl irgendwer, der Oberst oder die Gräfin«, versuchte Allis die Großmutter abzulenken.

Die warf ihr einen strengen Blick zu.

»Die Gräfin. Die hat heute ihren Lifttag. Der Oberst – der ist draußen im Krieg, behauptet er jedenfalls. Einen alten Elch kann er sicher noch erschrecken. Und was redest du da für Unsinn, Allis. In diesem Haus wohnen alte, feine Leute, und alte, feine Leute können kaum gehen. Noch weniger die Treppen rauf- oder runterrennen. Irgendwas ist nicht in Ordnung, das sagt mir mein sechster Sinn!« Und Großmutter nickte so nachdrücklich, daß kein Widerspruch mehr möglich war.

Als sie endlich in der Wohnung waren, lief Allis in ihr Zimmer und stellte sich ans Fenster, um zu sehen, was bei dem Bauwagen passierte. Und da kam er barfuß über die Straße gelaufen, die gelben Schuhe in der einen Hand und das Schlüsselbund in der anderen. Allis mußte versuchen, sich hinunterzuschleichen und die Schlüssel zu holen. Aber dann? Wo sollte Sigge seinen Vogel unterbringen, wenn nicht auf dem Dachboden? Sie dachte dabei nicht an Sigge, nein, sie dachte an den Vogel...

Dieser Vogel, der auf merkwürdige Weise, obwohl sie es nicht begriff, mit den Engeln in Verbindung stand, jedenfalls mit einem von ihnen. Großmutter hatte ihr zwar nur fast geglaubt, als sie ihr vorschwindelte, die Schlüssel seien noch in der Schule, aber Allis beschloß, daß sie dort über das Wochenende bleiben sollten.

»Willst du mir heute abend bei der Gräfin servieren helfen?« fragte Großmutter. »Ich hätte viel mehr Spaß, wenn du dabei wärst.«

»Klar, aber soll es ein großes Essen geben, ich meine, weiß sie das?«

»Nein. Das hat sie vergessen. Aber ich weiß es. Und die Gäste wissen es. Ich hab ihr beim Verschicken der Einladungskarten geholfen. Komm mit, Allis, dann wirst du ein paar Leute kennenlernen, die sind die letzten ihrer Art.«

In der Diele der Gräfin stand ein Kamelsattel, über den eine bunte Kameldecke gebreitet war. Daneben stand ein ausgestopfter Strauß, und über dem Strauß hing ein Büffelgeweih, das afrikanische Elfenbein, und ein Zweig getrockneter Kräuter aus dem Orient. Zu Hause bei der Gräfin schien es ganz selbstverständlich, so was herumstehen und herumhängen zu haben. Und die Diele war nur der Anfang. Die ganze Wohnung glich eher einem Museum als einem Heim.

Projekt Museum, dachte Allis, als die Gräfin zwischen dem Strauß und dem Kamelsattel auftauchte. Sie hatte eine bekümmerte Falte zwischen den Augenbrauen.

»Ich möchte Frau Petterson etwas fragen«, flüsterte sie. »Im Vertrauen.«

Großmutter nickte.

Die Gräfin holte tief Luft. »Es ist nämlich so, ich habe meinen Körper der Wissenschaft vermacht. Mein Gatte und ich wollten es so. Aber glauben Sie wirklich, daß die Wissenschaft sich im Lauf der Jahre nicht weiterentwickelt hat?«

Großmutter war nicht ganz sicher, ob sie die Frage richtig verstanden hatte. Sie ließ es darauf ankommen und antwortete so, wie es die Gräfin hoffentlich erwartete:

»Ich glaube, die Wissenschaft hat sich sehr weit entwickkelt.«

»Dann kann ich ja in Ruhe sterben«, sagte die Gräfin und verschwand wieder.

»Wird sie jetzt sterben?« Allis war ganz starr vor Schreck.

»Nein, nein, nein«, tröstete Großmutter, »sie wird niemals sterben. Sie ist konserviert.«

»Warum fragt sie dann?«

»Wenn man alt ist, denkt man eben an so etwas. Der Tod kommt näher mit jedem Tag, den man lebt. Das ist ganz natürlich. Aber wahrscheinlich bereut sie es, daß sie ihren Körper der Wissenschaft vermacht hat. – Gräfin!« rief sie, und die kleine Dame kam in weichen Pantoffeln mit einem Bommel obendrauf angeschlurft. Inzwischen hatte sie sich umgezogen, und jetzt war sie für die Nacht vorbereitet und trug ein raschelndes Nachthemd aus Seide.

»Ja?«

»Die Gräfin hat heute abend zum Essen gebeten.«

»Ich soll Gäste bekommen? Ich wollte doch gerade schlafen gehen! Das ist nicht möglich.«

»Frau Gräfin kann nicht schlafen gehen. Wir holen jetzt das lila Kleid mit den Fliederdolden, nicht wahr? Heute abend kommen viele Gäste.«

»Aber das Essen? Haben die Mädchen es vorbereitet?«

»Die Mädchen gibt es seit dreißig Jahren nicht mehr«, bemerkte Großmutter. »Aber ich hab das Essen wie immer vorbereitet. Alles ist fertig, nur die Frau Gräfin nicht.«

»Der Nachtisch! Hab ich denn einen Nachtisch bestellt? Irgendwas, das pufft. Ich hab immer Wert darauf gelegt, daß mein Nachtisch pufft.«

»Es hat gepufft wie beim dicksten Böllerschuß«, antwortete Großmutter und malte mit einer Hand einen fluffigen Nachtisch in die Luft.

Die Gräfin sah erleichtert aus. »Dann ist also alles, wie es sich gehört?«

»Ja, alles, außer der Frau Gräfin. Aber das bringen wir jetzt in Ordnung«, sagte Großmutter und schob die Gräfin vor sich her in das geheimnisvolle Dunkel der Wohnung hinter der Diele.

Großmutter drehte sich nach Allis um, ehe sie verschwand.

»Lauf in die Garage und hol Großvater. Er muß mir beim Servieren helfen. Eil dich!«

Die Zufahrt zu Großvaters Garage war eine halbmondförmige, tiefe Kurve, die auf Straßenebene begann und sich dann in den Untergrund wand. Die Garage war sehr hoch, und auf einem Regal mitten in der Kurve lagen Winter- und Sommerreifen gestapelt. Als Allis noch klein und mit den Eltern zu Besuch gewesen war, durfte sie manchmal Großvater aus der Garage holen, wenn das Essen fertig war. Sie hatte sich immer gefürchtet, jemand könnte in dem Regal mit den Reifen wohnen. Jemand, der in dem Augenblick heruntersprang, wenn sie vorbeikam. Das war eine alte fixe Idee, so eine Idee, die vorbeigeht. Jetzt machte Allis es, wie sie es immer gemacht hatte – am Anfang der Kurve nahm sie einen Anlauf, streckte die Arme aus, um das Gleichgewicht zu halten, und stürmte los. Sie wollte ausprobieren, ob sie nicht ein einziges Mal fliegen konnte. Einen kleinen Meter wenigstens.

Wie immer kam sie mit den Füßen voran in der Garage an.

Ihr fiel der Rollschuh ein, der bei Sigge gehangen hatte.

»Haben wir nicht noch alte Rollschuhe?«

Großvater war unter einem Auto in der Schmiergrube und hatte sie nicht verstanden. Er steckte den Kopf hervor und fragte:

»Wie bitte?«

»Haben wir ein Paar alte Rollschuhe, die ich mal ausleihen könnte?«

Er kratzte sich am Kopf, und die Mütze, die er immer in der Schmiergrube trug, damit er kein Öl ins Haar kriegte, verrutschte. »Seh ich aus wie ein Rollschuhfahrer?«

»Ich hab ja bloß gefragt«, sagte Allis. Dann fiel ihr wieder ein, warum sie hier war. »Großmutter läßt dir bestellen, daß wir heute abend servieren müssen. Bei der Gräfin.«

»Kleiner Dachschaden«, brummte Großvater. Aber er kletterte aus der Schmiergrube. Es war eine rechteckige Vertiefung im Fußboden mit gekachelten Wänden. Dadurch sah sie aus wie ein Schwimmbecken.

»Kleiner Dachschaden?« Allis kapierte nicht, was der Großvater meinte.

Er drückte Schmiere aus einer Tube, ein Reinigungsmittel für ölige Hände. Die Schmiere reinigte nicht nur, ihr Geruch prägte sich auch im Gedächtnis ein.

»Ja, die Gräfin hat einen kleinen Dachschaden, und wenn du mir das nicht glaubst, wirst du's sehen, wenn die Gäste kommen.«

Großvater lachte sich eins ins Fäustchen. Mit der Gräfin und ihren erwarteten Gästen war etwas, das ihn mächtig amüsierte.

Aber als Kellner sah Großvater wirklich bescheuert aus! Allis starrte ihn an, wie er sich im Eßzimmer der Gräfin in engen schwarzen Hosen und weißem Hemd bewegte. Und über seinem linken Arm lag eine weiße Serviette. Die Gäste trugen einen Frack, wenn es Herren waren, und die Damen hatten lange weite Kleider an. Einen Augenblick überlegte Allis, ob sie sich alle miteinander der Wissenschaft vermacht hatten und wie dankbar die Wissenschaft sein würde, einen ganzen Armvoll Mumien zu bekommen. Dort drinnen herrschte festliches Gemurmel, Champagnergläser funkelten. Besteck klirrte. Kerzenlicht flackerte. Stimmen, die sich gegenseitig ins Wort fielen.

Kleiner Dachschaden, dachte Allis. Ja, das stimmt. Sie kauerte in der Fensternische in der Küche und merkte nicht, daß sie an einer übriggebliebenen Rose der Tischdekoration herumzupfte. Ein Blütenblatt nach dem ande-

ren hatte sie abgerupft, und nun lagen die roten Blüten-
blätter in gleichgroßen Häufchen auf einem hübschen
blauen Teller. Ein Spiel konnte beginnen!

»Aber Allis, was machst du denn da? Du machst ja die
Rosen der Gräfin kaputt!«

Das war Großmutter. Allis guckte auf den Teller. Woran
hatte sie gedacht? Großmutter runzelte die Stirn. Allis tat
dasselbe. Manchmal half das.

»Warum machst du so was?«

»Ich – ich hab's gar nicht gemerkt. Ich hab ganz verges-
sen... Manchmal haben wir mit Rosenblättern gespielt.
Um den Schulhof herum wuchsen Rosenbüsche«, flüsterte
Allis.

»Wer wir?«

Großmutter hatte offenbar nicht gemerkt, daß sie sich auf
gefährlichem Gebiet bewegte. Daß sie anfing nach etwas
zu fragen, wonach sie lieber nicht hätte fragen sollen.

»Ich und...«

Jetzt stand Großvater in der Tür. Allis hatte ihn nicht kommen hören. Er sah sie mit ernsten Augen an.

»Sie kommt nicht wieder, Allis«, sagte er ruhig, so wie nur
er Sachen sagen konnte. »Sie ist fort.«

»Nein. Für mich nicht. Sie sendet die ganze Zeit, das hast
du selbst gesagt!«

Jetzt wußte Großvater nicht, was er antworten sollte.
Großvater machte einen Versuch.

»Man muß lernen, sich abzufinden, Allis. Der eine lebt.
Der andere stirbt. Und man weiß nie, warum das so ist.«

Allis schauderte. Und dann sagte sie ausnahmsweise genau

das, was sie wirklich dachte: »Es wäre besser gewesen, wenn es mich erwischt hätte. Dann wäre ich nicht diejenige gewesen, die übrigbleiben mußte.«

Irgend etwas in Allis zerbarst, als sie diesen Gedanken laut aussprach. Er war größer als sie. Er wurde alles und war überall, und zusammengekrümmt in einer Ecke von diesem mächtigen Ganzen saß Allis, klein wie eine Ameise, und versuchte zu entkommen.

Großvater hob sie aus der Fensternische. Großmutter setzte sich auf einen Stuhl, und Großvater drückte ihr Allis auf den Schoß. Er brummte:

»Du bist nicht allein, Allis.«

Großmutter strich ihr über die Stirn. »Kannst du nicht versuchen, eine neue Freundin zu finden?«

»Ich will keine!«

»Aber Allis...«

Großmutter schlang die Arme um Allis und hielt sie eine ganze Weile fest, bis die Stimmen aus dem Festzimmer immer lauter und fordernder riefen:

»Frau Petterson! Liebe Frau Petterson, wo bleibt der Nachtisch?«

Großmutter stellte Allis auf den Fußboden, packte die große Glasschüssel mit dem fluffigen Nachtisch, der aussah wie eine Wolke, die dort zufällig gelandet war, und dann verschwand sie zu den Gästen, während Großvater versuchte, Allis mit einem Blinzeln auf andere Gedanken zu bringen.

»Vergiß jedenfalls nicht, daß es kleine blaue Pferde gibt«, sagte er, bevor er auch ging.

Jetzt ertönte eine alte zittrige Stimme aus dem Eßzimmer:

»Das erste Prosit: auf den König!«

Großvater kam an die Küchentür und flüsterte Allis zu:

»Komm mal mit und guck dir das an. Das ist was, du!«

Allis stellte sich in die Eßzimmertür neben Großvater. Die bejahrten Herren hatten sich erhoben und einen Fuß auf ihre Stühle gestellt. Jetzt machten sie noch einen Schritt und standen mit beiden Füßen auf ihren Stühlen.

»Das zweite Prosit: auf das Pferd!«

Sie schlugen die Hacken zusammen, wenn sie auf das Wohl der Genannten tranken. Die Damen schienen entzückt zu sein. Großvater hatte eine Idee, verließ die Eßzimmertür, ging zu dem Herrn, der die Trinksprüche ausbrachte, und flüsterte ihm etwas ins Ohr. Jetzt machten alle Herren noch einen Schritt und stellten einen Fuß auf den Tisch.

»Das dritte Prosit« – der Herr machte eine Pause, um die Spannung zu erhöhen – »das dritte Prosit: auf Allis! Allis mit is!«

Die Damen jubelten, und Allis wurde rot; sie wußte nicht genau, ob aus Scham oder Freude.

Zur selben Zeit kauerte Sigge auf dem oberen Dachspeicher und versuchte den Vogel dazu zu bringen, ein paar Schlucke von dem Wasser zu nehmen. Er wurde einfach nicht klug aus diesem Vogel. Gestern war er fast überzeugt gewesen, daß es eine gewöhnliche Krähe war, aber heute hatte der Vogel ein bißchen die Farbe gewechselt und war ein wenig schmaler geworden. Jetzt sah er eher aus wie eine Dohle. Anfangs war er jedoch noch größer gewesen und hatte ausgesehen wie ein Rabe. Entweder stimmt mit mir etwas nicht, dachte Sigge, oder es geschieht etwas Merkwürdiges mit dem Vogel, eine Verwandlung, die über meinen Verstand geht.

Durst hatte der Vogel jedenfalls nicht. Jedenfalls nicht heute abend. Vielleicht wollte er ein Lied hören? Sigge versuchte, ihm Kinderlieder vorzusingen, die seine Mama ihm vorgesungen hatte, als er klein gewesen war. Die gefielen dem Vogel! Er legte seinen Kopf gegen Sigges Arm und schlief ein. Als Sigge verstummte und seinen Kopf an die Wand des Turmzimmers lehnte, wurde es ganz still, aber dann ertönte das Glockenspiel. Sigge schaute zur Uhr an der Wand, doch von dort kamen die Laute nicht. Sie kamen vom Vogel! Aus dem Kopf des kleinen Vogels. Ein wunderbares Glockenspiel. Und dann, als das Glockenspiel verstummt war, entdeckte er ein Mädchengesicht, das sich wie das Negativ eines Fotos über die Wand mit der Uhr breitete. Es dauerte nur ein paar Hundertstelsekunden. Aber dieses Gesicht würde er nie vergessen. Auch dann nicht, als er sich einredete, es sei ein Traum gewesen, er müsse eingeschlafen sein, als er den Kopf gegen die Wand gelehnt hatte. Wenn der Vogel nur sprechen könnte! Wenn er nur auf alle Fragen, die er hatte, Sikorka Tczyniecki, dem seine Mama den Namen kleiner Vogel gegeben hatte, eine Antwort bekommen könnte. Antwort auf alle Fragen, die er hatte. Da läuft man auf dieser Erde herum und wendet sein Gesicht nach oben wie eine blöde Blume und wartet auf ein Zeichen. Und wenn ein Zeichen kommt, kapiert man es nicht.

Ein Morgenhimmel glitt vorbei. Er fuhr am Autofenster vorüber, und dann kamen andere kleine Himmel, und alle waren geformt wie das Seitenfenster von einem alten Saab. Allis hatte sich auf dem Rücksitz von Großmutters Auto ausgestreckt. Sie wollte mit auf die Jagd gehen. Allis wußte nicht, wohin sie unterwegs waren. Großmutter fuhr schnell, und Großvater saß vorn neben ihr, die Hunde auf dem Schoß.

»Du fährst, als hättest du das Auto geklaut!« stöhnte Großvater und tat so, als klammere er sich am Armaturenbrett fest.

»Darf ich dich darauf hinweisen, daß ich dieses Fahrzeug mit eigenem Geld bezahlt habe? Außerdem fahre ich nicht schnell, ich fahre den Verkehrsverhältnissen angemessen«, sagte Großmutter. Sie drückte auf die Hupe und grölte den anderen Verkehrsteilnehmern zu: »Aus dem Weg, ihr Sonntagsfahrer!«

Großvater tat so, als wechselte er den Gang, machte »brrrmm« wie ein kleiner Junge, und die Hunde spielten auch mit. Frech bellten sie allen zu, die sie überholten. Die Autofahrer sahen ziemlich erstaunt aus, wenn drei Paar starrender Hundeaugen an ihnen vorbeifuhren.

»Wir sind angekommen, trotz aller Widrigkeiten«, sagte Großvater, als das Auto hielt und es Zeit war auszusteigen.

Sollte das hier eine Jagd sein? Allis war mehr als verwundert. Sie hatte einen Wald erwartet. Oder wenigstens ein Wäldchen.

Da kam ein riesiger Elch aus Pappe angefahren. Mit großer Kraft wurde er abgeschnellt und an Seilen eine Bahn entlanggezogen, an der Großvater und seine Freunde mit ihren Gewehren standen und ihn aufs Korn nahmen.

Peng! Peng! Peng!

»Der hat gesessen«, sagte Großvater, als er das Gewehr senkte.

Er war sehr zufrieden mit seinem Schuß, und Allis war mehr als zufrieden, daß Großvater auf einer Schießbahn jagte, statt auf lebende Tiere zu schießen.

Hinter den Männern mit den Gewehren stand Großmutter, die Hunde an der Leine, zusammen mit Siri. Das war Ewerts Alte. So nannte sie sich selbst. Ewert nannte sie »meinen kleinen Affenpopo«, und jedesmal, wenn er das sagte, wurde Siri rot. Jompa, Großvaters anderer Kumpel, hatte kein »Mädchen«, wie er sagte. Das alles waren wohl Erwachsenen-Witze, die Allis nicht verstand.

Jetzt kam ein Reh. Es war ein vielfach geflicktes Reh voller Klebestreifen.

Peng! Peng! Peng!

Das war Ewert. Er hatte zwei statt einen Schuß abgegeben und lächelte etwas verlegen. Da lächelte auch Siri, und Allis begriff, daß diese zwei ineinander verliebt waren.

Jetzt nahmen die Männer die Geschoßhülsen aus den Gewehren und steckten neue Patronen hinein, rubinrote Patronen. Großvater ließ eine fallen, und Speja stürzte sich darauf. Haps! Die Patrone verschwand noch schneller als ein Butterbrot.

Großvater sah sich erstaunt um. »Wo ist die Patrone geblieben?«

Allis starrte Speja an. »Die hat sie aufgefressen.«

Großmutter zuckte zusammen und ging zwei Schritte rückwärts. »Hoffentlich explodiert sie jetzt nicht?«

Aber Großvater schien das nicht weiter aufzuregen.

»Och«, sagte er, »sie hat schon öfter Patronen gefressen und ist noch nie explodiert.«

Speja sah Großvater an und wedelte mit dem Schwanz. Ob sie wohl noch eine kriegen würde?

»Männer«, rief Großmutter aus, und Siri seufzte mit ihr im Duett. Das klang wie ein Seufzer von allen Frauen, die jemals gelebt hatten:

»Männer!«

Männer gab es wahrhaftig genug in dem Bauwagen, in dem Sigge lebte. Aus den schmalen Pritschen, die mit Ketten an den Längswänden befestigt waren, ragten große Füße heraus, Männerfüße, die aussahen, als ob sie sich danach sehnten, am Samstag ins Badehaus zu gehen und ihre natürliche Farbe wiederzubekommen. Sigge würde versuchen, sich zu drücken. Er hatte sich vorgenommen zu sagen, er habe gestern in der Schule geduscht. Übrigens war er auch nicht besonders schmutzig. Er hatte ja nicht die ganze Woche lang an der Außenseite einer frisch verputzten Hauswand gearbeitet.

Die Männer waren noch nicht richtig wach. Das war an ihrem Atmen zu hören und einem Schnarcher von Zeit zu Zeit. Leise und vorsichtig stellte Sigge eine Kerze auf den Boden in seiner eigenen Schlafecke. Er stellte sie vor ein kleines gerahmtes Foto hinter Glas. Auf dem Bild war eine Frau, die sah genauso aus wie Sigge. Jetzt zündete er die Kerze an und faltete seine Hände. Er flüsterte:

»Ich muß dich etwas fragen. Und es ist wichtig! Ich möchte wissen – bist du vielleicht ein Vogel geworden? Wie soll ich das erfahren?«

Das Foto konnte nicht antworten. Aber eine Weile später, nachdem Sigge seinen Papa überzeugt hatte, daß er wie frisch gewaschen war, und deshalb dem Badehaus entging und statt dessen die Treppe in Allis' Haus hinaufstürmte, bekam er unerwartet Gelegenheit zu erforschen, ob der Vogel mehr war als nur ein Vogel.

Diese alte Gräfin hatte vergessen, ihre Tür zu schließen. Drinnen in ihrer Diele wimmelte es von feinen Gegenständen, und feine Gegenstände, die hatte Sigges Mama besonders gern gehabt.

Als er oben auf dem Dachboden ankam, ließ ihn der Gedanke an all die wunderbaren Sachen, die er in der Diele gesehen hatte, nicht los. Ob das ganze Haus voll solcher Kostbarkeiten war? Am liebsten hätte er in jede Wohnung geguckt, und er wünschte, hier oben auf dem Dachspeicher wäre es auch so schön.

»Würde es dir gefallen, wenn ich es uns schönmache?«

Der Vogel gab natürlich keine Antwort. Nie antwortete er, und das war das schlimmste, wenn der einzige Freund, den man besaß, ein Vogel war. Ein elender, kranker Vogel, der vielleicht nie wieder gesund werden würde. Sobald Sigge daran dachte, schien alles andere hoffnungslos. Er erinnerte sich daran, was die Lehrerin gesagt hatte: »Ein Vogel, der nicht fliegen kann, ist kein Vogel!«

Nein! Vielleicht ist es kein Vogel, dachte er wütend. Vielleicht ist es ein Engel, der sich seine Flügel an der Sonne verbrannt hat. Wer weiß? Vielleicht sind die Vögel alle Engel, und das ist schon immer so gewesen, es hat bisher nur niemand begriffen. Niemand hat sich so sehr nach seinem Engel gesehnt wie ich!

Plötzlich plumpste der Vogel von seinem Balken herunter, auf dem er gesessen und Sigge mit unergründlicher Vogelmiene betrachtet hatte.

»Was willst du von mir? Ach, du brauchst nicht zu antworten«, fügte Sigge hinzu, weil er sich die Enttäuschung ersparen wollte, daß der Vogel wieder keine Antwort gab.

Der Vogel machte ein paar unsichere Schritte über den Fußboden, blieb vor Sigge stehen und begann, mit dem Schnabel in seiner ausgestreckten Hand zu picken.

»Hast du Hunger? Hier, ich hab ein paar Brotbrocken für dich.«

Während der Vogel fraß, kehrten Sigges Gedanken zur Diele der Gräfin zurück. Er wußte, daß er nicht denken durfte, was er dachte, aber seine Gedanken kamen und gingen, wie sie wollten. In der Phantasie möblierte er das Turmzimmer, so daß es aussah wie ein Zimmer in einem Märchenschloß. Im Innern des Schlosses saß König Sigge auf dem Kamelsattel und regierte sein Reich, und auf seiner Schulter saß ein heiliger Vogel. Zu seinen Füßen saßen die beiden Ehrenmäuse Keep Cool und Max 10 Grad und sahen sehr stolz aus.

Wo waren sie denn jetzt gelandet? Großmutter hatte gesagt, sie würden aufs Land fahren und ein Fest feiern. Das Häuschen auf dem Lande gehörte Ewert und Siri, aber all die anderen Häuser? Hier gab es mindestens mehrere hundert gleicher Häuser, alle sehr klein, ja, so klein, daß Allis sich fragte, ob man sie wirklich benutzen konnte.

»Das ist eine Schrebergartensiedlung«, erklärte Siri stolz und forderte sie auf, ihr Mini-Haus zu betreten.

Wenn man die Schwelle erst einmal überschritten hatte, dann hatte man schon alles gesehen. »Aber wo Platz für ein Herz ist, ist auch Platz für einen Hintern«, sagte Ewert. Man müsse sich nur ein wenig zusammendrängeln.

Als alle saßen, holte Ewert sein Akkordeon vor und fing an zu spielen, und sofort stieg die Stimmung gleichsam höher als das niedrige Dach des Hauses.

Eingeklemmt zwischen Siri und Jompa fühlte Allis sich so ruhig und zufrieden, wie sie schon lange nicht mehr gewesen war, und ihr kam plötzlich der Gedanke, daß Sigge gut hierher gepaßt hätte.

Sigge? Wieso war ihr der jetzt in den Sinn gekommen?

VIERTES KAPITEL

Der sechste Sinn

In der Schrebergartenlaube war es fast so heiß wie in einer Sauna. Der Tisch war voller halbausgetrunkener Gläser und nicht leer gegessener Teller, denn dies war so ein Fest, das sich den ganzen Abend hinziehen würde mit Reden und Lachen und Akkordeonmusik. Die Erwachsenen fingen schon ein bißchen an zu lallen und kriegten einen glasigen Ausdruck in den Augen, wie Jompa sagte. Ja, das hatte er kurz vorher gesagt, als er einen Tragebeutel unterm Tisch vorholte.

»Steck's weg und brich dir nicht die Knochen«, flüsterte er Allis zu, als er versuchte, ihr das Geschenk so zu übergeben, daß es niemand merkte.

Ein Paar rote Rollschuhe! Funkelnagelneue Rollschuhe!

»Danke!«

Natürlich war es niemandem entgangen, daß Allis ein Paar Rollschuhe geschenkt gekriegt hatte.

»Wie bist du denn auf die Idee gekommen?« fragte Großmutter. Jompa nickte in Großvaters Richtung und erklärte:

»Er weiß, daß ich eine Schwäche für Rollschuhe habe. Wir beide haben so ein gewisses Gespür.«

Allis überlegte, was Gespür bedeuten könnte, und gleichzeitig kriegte Ewert einen richtigen Anfall und spielte wie besessen auf dem Akkordeon. Er spielte, daß die Gläser auf dem Tisch tanzten.

Allis wußte, daß weder Großvater noch Jompa oder Ewert besonders viel Geld verdienten, im Gegenteil, sie hatten ihr Leben lang bei der Fernmeldeverwaltung gearbeitet, und sie haben es nicht besonders dick gehabt. Das ist auch so ein Ausdruck, über den Allis nachdenken mußte. »Es nicht besonders dick« zu haben, das konnte bedeuten, daß man Sachen miteinander tauschte. Und alles in kleinem Stil. Allis' Eltern hatten in viel größerem Stil gelebt, natürlich vor dem Konkurs. Dementsprechend katastrophal war auch der Konkurs gewesen. Zu Hause bei ihnen war es recht protzig zugegangen. Wenn Allis' Papa wieder etwas angeschafft hatte, mußte es vorgezeigt werden. »Guckt mal! Tolles Sofa, nicht?« Sie hatten in einer kleinen Siedlung mit neuen Villen gewohnt, die über eine Wiese verstreut lagen, in einer Landschaft, wo es sonst weder Häuser noch Menschen gab. Die Leute, die in den Villen wohnten, hatten ständig versucht, einander zu übertrumpfen. Wenn der eine sich ein neues großes Auto kaufte, konnte man sicher sein, daß die anderen es auch taten. Und deren Autos waren noch größer. Und wenn sich jemand einen Gartengrill zulegte, kriegten plötzlich alle ungeheuren Appetit auf Gegrilltes. Wenn sich jemand eine neue Fernsehantenne kaufte, hatten plötzlich alle Satellitenschüsseln auf dem Dach.

Allis sah sich in der Hütte um. Sie sah Großmutter Arm in

Arm mit Großvater und Jompa schunkeln und Siri, die neben Allis saß und Ewert verliebte Blicke zuwarf, während er sich im Takt mit seinem Akkordeon wiegte.

»Magst du Ewert?« Es war Allis so herausgerutscht, bevor sie wußte, warum.

Siri wurde rot. »Jaaa! Ich mag ihn. Hast du auch jemanden, den du magst, Allis?«

»Nein. Aber da ist ein Junge…« Weiter kam Allis nicht, da platzte Siri schon heraus, so daß alle es hörten:

»Habt ihr gehört! Allis hat einen Freund.«

Ewert blinzelte Allis vielsagend zu, und alle lächelten, nur Allis nicht. Sie hatte doch sagen wollen, daß es einen Jungen gab, den sie wirklich nicht mochte, obwohl gewisse Leute das Gegenteil zu glauben schienen, zum Beispiel die anderen in der Klasse. Aber sie hatte ja nicht ausreden dürfen, da hatte Siri sie schon verraten.

Allis stürmte aus der Hütte, geradewegs hinaus zwischen Hunderte von gleichen Buden und verschwand mit schnellen Schritten, die im Schotter knasterten.

Die Musik und das Stimmengewirr waren verstummt. Nur Siris unglückliches und ängstliches Rufen war zu hören:

»Allis! Entschuldige! Das hab ich doch nicht so gemeint. Das war wirklich blöd von mir, Allis!«

Aber Allis lief weiter, so schnell sie ihre Beine trugen. Und die Beine trugen sie fort von den Rufen, die sie verfolgten. Fort von »Allis, entschuldige!« und »Komm zurück, Allis!« Sie blieb stehen und sah sich um. Sie hatte keine Ahnung, aus welcher der Hunderte von Hütten sie gekommen war.

Jetzt war sie allein auf der Welt.

Sie hörte eine Eule aus dem Wald rufen, der die Schrebergartenkolonie umgab. Und eine andere Eule antwortete,
irgendwo in der Nähe von Allis.

Sie begann auf den Wald zuzugehen. Dort wollte sie verschwinden zwischen den Schatten der Bäume. Dort drinnen wohnen, in der Dunkelheit. Ruhen in dem lauen, weichen Dunkel von all dem Grün.

Jetzt ging sie auf leisen Sohlen. Die Dämmerung nahm zu
und überschritt kaum merkbar die Grenze zwischen jenem
Dämmerlicht, in dem noch etwas zu sehen ist, und jener
Dämmerung, die alles zudeckt.

Jetzt konnte nur noch die Eule sie sehen.

Und die Engel, falls sie die Lebenden bewachten.

Am schwersten war es, Futter für den Vogel zu finden.
Fliegen gab es nicht mehr, und übrigens hatte der Vogel sie
schon nicht gemocht, als es noch welche gab. Er hatte seinen Geschmack geändert, eine Weile wollte er lieber Brotkrümel, und jetzt hatte er auch die Brotkrümel satt. Sigge
war ziemlich sicher, daß kleingehacktes Fleisch genau das
richtige gewesen wäre, aber wie sollte er an so etwas kommen? Im Bauwagen gab es fast nie Fleisch. Es war zu teuer,
sagte Papa, und damit war alles gesagt, was nötig war. In
der Schule bekamen sie merkwürdige Suppen vorgesetzt,
die jeden Tag den Namen änderten, aber die ganze Zeit
schienen es die gleichen grauen Suppen mit unbestimm-
barer Einlage zu sein. Sie hatten alle möglichen Namen,

von Spargelsuppe bis Fleischsuppe, aber auf dem Grund des Tellers schienen immer die gleichen Ufos zu schwimmen. Die Kinder nannten diese Suppe Sparsuppe, denn sie war zu der Zeit aufgetaucht, als die Schule anfangen mußte zu sparen. Die Frauen in der Essensausgabe sahen unglücklich aus, wenn sie die Suppe austeilten. Sie schienen sich zu schämen. Das Essen zu Hause im Bauwagen war viel leckerer – das waren Gerichte mit viel Zwiebeln, Kartoffeln und Gemüse, das sie in Konservendosen aus Polen mitgebracht hatten. Die Männer tranken tschechisches Bier zum Essen und schienen zufrieden und satt zu sein. Aber Sigge hatte fast immer Hunger. Er hatte Bauchkneifen, als ob ein ewig hungriges Wesen in seinem Magen wohnte. Sein Papa sagte, das sei das Alter. Es war also das Alter, das in seinem Magen saß und ihn kniff.

Als Sigge mit den Schuhen in der Hand die Treppen in Allis' Haus hinaufschlich, dachte er nicht mehr an das Alter und Bauchkneifen. Ihm war nur wichtig, die abenddunklen Treppen unbemerkt hinaufzugelangen. Die Fenster, hinter denen Allis wohnte, waren dunkel, das hatte er von der Straße aus gesehen. Und das war gut, also waren sie nicht zu Hause. Noch besser war, daß die Hunde nicht da waren. Was Menschen nicht mal ahnten, das konnten Hunde erschnüffeln – durch Eisentüren!

Eine halbe Treppe tiefer wurde eine Wohnungstür geöffnet. Sigge blieb stehen und hielt den Atem an. Er sah einen älteren hageren Mann in roter Strickjacke mit einer Abfalltüte zur Lifttür gehen. Der Abfall wurde in einen großen Müllcontainer unten auf dem Hof geworfen, das hatte

Sigge gesehen. Jetzt kam der Lift, und der Mann verschwand abwärts. Die Tür zu seiner Wohnung war angelehnt. Einen Augenblick zögerte Sigge, doch dann siegte seine Neugier, und die ließ seinen Verstand auf der Treppe stehen, zusammen mit seinen Schuhen.

Es war eine große Wohnung. Überall hingen kleine Lampen mit Stoffschirmen. An den Wänden, der Decke und auf den Tischen – überall Licht. Der Alte hat Angst vor Dunkelheit, dachte Sigge. Und dort stand der Fernseher. Auf dem Bildschirm prasselte ein Kaminfeuer. Sigge versuchte, sich die Hände daran zu wärmen. Aber das Video-Feuer wärmte kein bißchen. Er sah sich wieder um. Im Fenster stand etwas, das sein Interesse weckte. Es war eine Sammlung von Glasfiguren, die wie zu einer Parade aufgestellt waren. Ja, es sah so aus, als ob sie wie kleine Soldaten aufgereiht waren. Ein Hasensoldat neben einem Storch. Ein Fuchssoldat fesselte Sigges Blick. Der Fuchs war durchsichtig und spiegelte das Licht von den vielen Lampen im Zimmer. Im Fuchs brach sich das Licht, wie in einem Prisma.

Er konnte es nicht lassen.

Er hätte es nicht gedurft, aber es gibt so viel auf der Welt, was man nicht tun dürfte.

Als er den Fuchs in die Tasche gesteckt hatte, fühlte er sich erleichtert. Jetzt war es getan. Jetzt mußte er nur schnell die Wohnung verlassen, bevor der General von all den kleinen Tier-Soldaten zurückkam.

Er schaffte es gerade.

Der Verstand war noch da. Er wartete auf der Treppe und

sagte ihm, er solle die letzten Stufen ganz leise hinaufge-
hen, damit er nicht gesehen wurde.

Klar, dachte Sigge, mach ich doch.

Aber er hatte nicht mit der kleinen Dame gerechnet, die auf
dem Treppenabsatz oberhalb von ihm aus dem Lift stieg.
Sie hatte merkwürdige Ähnlichkeit mit einem Sofakissen,
das Fransen an den Ecken hatte. Wahrscheinlich war sie
zusammen mit dem Tiergeneral im Lift gewesen. Sigge sah
die Dame vor einer der Türen dort oben ein bißchen nervös
mit den Händen wedeln. Jetzt fing sie an, laut mit sich
selbst zu sprechen.

»Oje, oje, was hab ich denn nun wieder vergessen? Daß ich
nun schon vergesse, was ich vergessen habe...«

Dann drehte sie auf dem Absatz um und fuhr mit dem Lift
wieder nach unten.

Und zurück blieb Sigge, die Schlüssel zum ganzen Haus in
der Tasche.

Der erste Schlüssel, den er ausprobierte, war der richtige!

Das war ja fast wie ein geheimes Zeichen! Warum zögerte
er noch?

Nein, Sigge zögerte nicht. Er schloß die Tür zur Wohnung
der Gräfin auf und fühlte, wie sein Herz hämmerte, genau
an der Stelle, wo der Glasfuchs des Oberst in der Brustta-
sche lag. Er sah sich in der dunklen Diele der Gräfin um.
Das war mehr, als er sich je erträumt hatte! Es war ein
Traum, der Wirklichkeit wurde!

»Allis! Liebe, süße, goldige Allis! Komm zurück!«
So rief Großmutter. Großvater rief etwas abgehackter:
»Allis! Hallo!«
Keine Antwort.
Ewert und Siri klapperten ihre Bekannten in der Schrebergartenkolonie ab und fragten überall nach Allis.
»Ja, ein kleines Mädchen, ungefähr einsfünfzig groß, zehn Jahre, blond. Aha, nicht. Entschuldigt die Störung.«
Niemand hatte die einsfünfzig Allis gesehen.
Jemand hatte eine Eule gehört, falls ihnen das weiterhalf?
»Ganz kurze Haare und ein gräßlich grünes Kleid«, versuchte Ewert die Beschreibung von Allis zu vertiefen. Aber auch ganz kurze Haare und ein gräßlich grünes Kleid hatte niemand gesehen. Ob Ewert und Siri nicht für eine Weile hereinkommen und sich die Mohrrüben in Nachbars Garten ansehen wollten? In diesem Jahr waren die Mohrrüben wirklich prächtig gediehen. Ewert und Siri tauschten vielsagende Blicke – waren die Leute verrückt? Verstanden sie nicht, daß es ernst war? Nein, das glaubten sie anscheinend nicht. Schließlich waren sie nicht dabeigewesen, als es ernst wurde. Als das, was ein kleiner Scherz hätte sein sollen, fehlschlug und alles schiefging. So wie jetzt – so schief!

Ein großes gehörntes Tier starrte von der Dielenwand der Gräfin. Ein Gewehr zielte genau auf seine Stirn, aber es war nur ein Gewehr, das sich im großen Dielenspiegel spiegelte. Sigge faltete die schöne Decke zusammen und legte sie auf den Kamelsattel. Als er gehen wollte, entdeckte er auf einem Hocker einen Rollschuh. Es war genau so einer, wie er ihn in der Tonne gefunden hatte. Sie will die Rollschuhe wahrscheinlich loswerden, dachte Sigge. Sie müßte noch viel mehr loswerden. Hier ist es viel zu eng. Als er den Rollschuh nahm und ihn auf die Decke legte, hatte er ein Gefühl, als tue er eine gute Tat.

Der Sattel war bleischwer, weil das Gestell aus massivem Holz war. Dennoch fühlte Sigge sich genauso erleichtert wie in dem Augenblick, als er den Fuchs nahm. Eine merkwürdige Erleichterung darüber, daß er etwas getan hatte, was er absolut nicht hätte tun dürfen.

Allis saß unter dem Baum der Eule. Sie hörte die Eule irgendwo da oben zwischen den Blättern rufen.

Und jetzt antwortete eine zweite Eule mit einem langen gedehnten Ohoooo!

Ein Flügelschlag. Ein Rauschen, das fiel, geradewegs durch das Blätterdach. ·

Shi! Shi!

Die Flügel schienen in der Luft zu wenden. Sie sah die äußerste Flügelspitze und spürte fast, wie die Federn nah an ihrer Wange vorbeistrichen. Dann hörte sie Jompas Stimme.

»Allis, wir gehen jetzt zurück.«

Er stand ganz nah bei ihr.

»Warst du die zweite Eule?« Allis war total überrascht. Sie

hatte Jompas Schritte nicht gehört. Sie hatte nur danach gelauscht, wie die andere Eule sich der ersten näherte.

Jompa nickte. »Die Eule persönlich«, sagte er und lächelte ein bißchen verlegen.

Allis wollte ihn fragen, ob er etwas über Vögel wußte, ob er mehr wußte, als sie nur anzulocken. Aber Großmutters Stimme zerriß die Verzauberung.

»Allis! Jisses, da bist du ja! Und Jompa! Warum hast du uns nicht gerufen?«

»Er hat gerufen«, antwortete Allis. »Aber er hat nach den Vögeln gerufen.«

Jompa reichte Allis eine Hand, und Allis nahm sie. Mit einem leichten Ruck war sie auf den Füßen, und dann ging sie Hand in Hand mit Jompa zurück zur Gartenlaube.

Sobald sich alle wieder versammelt hatten, schlief Allis ein, auf der Stelle, und sie kam nur kurz zu sich in ihrem eigenen Bett. Jemand hatte ihr Schuhe und Jacke ausgezogen, und dort hingen die Rollschuhe. Mehr nahm Allis nicht wahr, dann versank sie erneut in Schlaf.

Richtig in die Wirklichkeit kehrte sie erst am nächsten Morgen zurück. In der fremden Wohnung von diesem Oberst, dem wandernden Spazierstock, der Großmutter gebeten hatte, in dieser Woche gründlich zu putzen. Allis war mitgekommen, weil sie nicht allein herumsitzen und nachdenken wollte. Sich nicht von all den Gedanken in ihrem Innern fangen lassen wollte, wie das manchmal passierte, wenn sie nichts zu tun hatte. Manchmal fragte sie sich, ob Großmutter und Großvater solche Menschen geworden waren, die ständig-ständig arbeiteten, um nicht über das nachdenken zu müssen, was sie vergessen wollten.

Egal, jetzt war Großvater jedenfalls in die »Unterwelt« verschwunden, wie er immer sagte, bevor er in die Garage ging, und Großmutter fuhr wie ein Gewitterblitz mit dem Staubsauger durch die Wohnung des Oberst. Sie schien überall gleichzeitig zu sein. Allis war auf eine Sprossenwand geklettert, die in einem der Zimmer hing. Großmutter meinte, die sei gut für den Rücken, und Allis dachte, wahrscheinlich hatte der Oberst zu oft an der Sprossenwand gehangen, und das hatte ihn zu einem Stock gemacht. Allis steckte die Füße hinter eine Sprosse und beugte sich langsam nach hinten, so daß sie an den Kniekehlen mit dem Kopf nach unten hing. Aber dadurch stand die Welt nicht kopf, wie sie sich das vorgestellt hatte. Alles sah genauso aus wie immer, nur Allis hing verkehrt herum.

»Paß auf, daß dir nicht zuviel Blut in den Kopf schießt!« Großmutter mußte brüllen, um den Staubsauger zu übertönen. »Ich weiß gar nicht, ob man zuviel Blut in den Kopf kriegt, aber irgendwas passiert, da bin ich sicher.«

Allis blieb an der Sprosse hängen.

»Wir können den Professor fragen, falls du mir nicht glaubst. Er ist unheimlich gescheit.«

Allis hangelte sich von der Sprossenwand, weil Großmutter keine Ruhe ließ.

»Wie kann er so viel über Köpfe wissen, wenn er nicht mal richtig Auto fahren kann?«

Allis hatte wirklich ihre Zweifel an diesem Professor.

»Großvater sagt, er ist zu klug zum Autofahren«, antwortete Großmutter. »Er ist fast zu klug, um wahr zu sein.«
Allis nickte. Manchmal wußte sie nicht, ob Großmutter es ernst meinte oder Spaß machte. Allis wußte, daß Großmutter alle Leute, die in diesem Haus wohnten, sehr gern hatte, aber es war auch ein Ton von Nachsichtigkeit dabei – als ob Großmutter heimlich lächelte, wenn niemand es sah.
Allis ging zum Fenster, wo sie eine wunderbare Sammlung von Glastieren entdeckt hatte. Noch nie hatte sie so viele Figuren auf einmal gesehen, nicht einmal im Geschenke-Shop. Diese Figuren waren hübscher, denn es waren keine Teekannen oder sonstwas Komisches, Tiere eben, wie sie wirklich aussehen. Ein Reh war ein Reh, ein Hase ein Hase, ohne Posttasche mit Schlitz, in den man Münzen stecken sollte. Ein kleiner Hund mit großen Augen erinnerte sie an etwas, das Großmutter zu den Hunden gesagt hatte.
»Großmutter, erschießt du die Hunde wirklich, wenn sie dir nicht gehorchen? Sie gehorchen doch fast nie!«
»Bist du verrückt! So was sagt man doch bloß.«
Großmutter hatte inzwischen mit dem Staubsaugen aufgehört und wischte den Fußboden.
»Dann lügst du also?«
Großmutter hielt mit Wischen inne und richtete sich auf den Knien auf.
»Was heißt hier lügen. Es ist erlaubt, ein bißchen zu lügen, nur ein bißchen, das weißt du doch? Wenn es nötig ist…
Aber nur wenn es unbedingt nötig ist…«

»Die Hunde wissen, daß du lügst.«

Großmutter nickte und tauchte den Wischlappen in den Wassereimer.

»Man weiß fast immer, wenn jemand lügt. Ich hör das richtig. Ich hab nämlich einen sechsten Sinn!« stellte sie fest.

Sie beugte sich vor und wischte den Fußboden so furchtbar ordentlich, wie sie das immer tat.

Einen sechsten Sinn? Wo sitzt der denn? dachte Allis und fing an, die fünf Sinne zu zählen, die der Mensch normalerweise hat. Sie blinzelte mit den Augen, lauschte mit den Ohren, zog den Geruch nach Scheuermittel durch die Nasenlöcher ein, schnalzte leicht mit der Zunge und kniff sich schließlich in den Arm. Aber wo saß der sechste Sinn?

»Großmutter, was ist das, der sechste Sinn?«

Großmutter griff sich eine Handvoll Luft.

»Der sechste Sinn ist, wenn man *weiß*. Man ist sich etwas gewiß, das weder zu hören, zu sehen oder zu fühlen ist. Man weiß es einfach.«

»Aber wo sitzt er? Genauer, meine ich!«

Großmutter griff sich ans Herz. Dort also. Mitten im Herzen...

Allis legte eine Hand auf ihr Herz, um nachzufühlen. Aber da sagte Großmutter etwas, das ließ Allis' Herz vor Schreck einen Hüpfer tun, so daß sie es unter der Handfläche zu spüren meinte.

»Und mein sechster Sinn«, sagte Großmutter, »sagt mir, daß irgendwas faul ist im Haus. Ich weiß nicht, was es ist, und ich hab im Augenblick auch keine Zeit, es herauszukriegen. Aber irgendwas ist. Übrigens, sei doch so lieb und staub die Figuren im Fenster ab. Das Staubtuch liegt im Besenschrank in der Küche.«

Dann redeten sie nicht mehr vom sechsten Sinn, aber Allis war klar, daß sie Sigge von Großmutters Verdacht erzählen mußte, sobald sie ihn zu fassen kriegte. Aber jetzt holte sie einen Staublappen und wischte jede einzelne Figur ab und stellte sie genau an den Platz zurück, wo sie gestanden hatte. Wenn sie Großmutter half, wollte sie alles absolut richtig machen.

Als sie mit dem Abstauben fertig war und alle Figuren wieder an ihrem Platz standen, schien dennoch eine Figur zu fehlen. Alle waren zu zweit, nur ein kleiner Hase stand für sich allein. Allis zuckte mit den Schultern. Sie hatte jedenfalls keine Figur verschludert, da war sie ganz sicher.

Es war am frühen Montagmorgen. Allis saß auf der Bettkante und zog ein Paar besonders steife gestreifte Strümpfe an. Dabei hörte sie die Morgenmusik aus dem Radio. Sie versuchte mitzusingen in einer Art selbstgemachtem Englisch. Sie fing nämlich gerade erst an, Englisch zu lernen in der vierten Klasse.

»Juw gottö fränd, o jea, juw gottö fränd!« sang sie den Refrain mit.

Sie wußte nicht, was es bedeutete, aber die Melodie war hübsch, ja, das war so eine Melodie, die konnte endlos weiterspielen. Aber alle schönen Lieder sind zu kurz. Dies hier war so schnell zu Ende, wie es begonnen hatte. Allis stellte das Radio ab und versuchte, allein weiterzusingen. Aber sie wurde unterbrochen von Hundegebell und aufgeregten Stimmen in der Diele. Sie lauschte. Die Stimmen kannte sie. Sie gehörten dem Oberst und der Gräfin, und sie klangen, milde ausgedrückt, gereizt. Und dann Großmutter:

»Was soll ich dagegen tun, daß Sachen verschwinden? Meinen Sie, ich hätte den Kamelsattel der Gräfin mitgenommen? Um drauf zu reiten? Die Treppe runter und wieder rauf? Sollte ich den Glasfuchs vom Herrn Oberst in Beschlag genommen haben? Meinen Sie, ich bin bescheuert?«

Vorsichtig öffnete Allis ihre Tür. Durch den Spalt sah sie, wie sich die Gräfin und der Oberst in der Wohnungstür drängelten, während die Hunde um Großmutters Beine herumsprangen. Jetzt sagte der Oberst etwas:

»So haben wir es doch nicht gemeint, Frau Petterson. Wir wollten nur sagen, daß irgend etwas Merkwürdiges im Haus vor sich geht, das ganze Wochenende. Wir haben jemanden auf der Treppe herumschleichen hören, und da haben wir gedacht, daß vielleicht Allis, nur zum Spaß, wie Kinder manchmal...«

Großmutters Stimme klang wie ein Donnerwetter, als sie sagte:

»Sie glauben also zu wissen, wie Kinder sich verhalten, wenn sie Spaß machen?«

Die Gräfin hörte nicht hin, was Großmutter sagte. Ihre Gedanken waren beim Kamelsattel hängengeblieben. Sie wiederholte, was sie eben gesagt hatte:

»Der Kamelsattel und die Decke gehören einfach dazu. Ich finde, sie gehören dazu! Ich hab mich an sie gewöhnt! Daß sie da sind. Und dann denke ich: Auf dem Kamelsattel ist mein Mann geritten. Hat Allis ihn nicht vielleicht doch mitgenommen?«

Allis stand wie versteinert da. Ihr schwante Böses.

Die Gräfin ließ nicht locker: »Ich meine ja nur, weil Sie Schlüssel zum ganzen Haus haben. Und es ist nicht eingebrochen worden – es sind einfach Sachen verschwunden. Als ob jemand die Türen aufgeschlossen hätte und hineinspaziert wäre und sie abgeholt hat. Ist das nicht merkwürdig? Worüber reden wir übrigens?«

Großmutter schien nichts mehr hören zu wollen. Sie schlug dem Oberst und der Gräfin die Wohnungstür mit einem Knall vor der Nase zu. Zu schnell für Bessi, ihr Schwanz wurde eingeklemmt, und sie jaulte auf.

»Oje, dein Schwanz hat eine Macke abgekriegt!«

Jetzt kam Großvater aus dem Badezimmer. »Was ist los?«

»Hierher zu kommen und solche Sachen zu behaupten!«

Großmutter war so aufgebracht, daß sie kaum reden konnte.

Großvater war gelinde ausgedrückt erstaunt.

»Hab ich was Dummes gesagt? Was ist mit Bessi passiert?«

Bessi hatte sich Großvater zu Füßen gesetzt und winselte wegen des großen Unglücks, das ihren Schwanz wedelunfähig gemacht hatte, wenn nicht für immer, so doch für eine Weile. Und das war schlimm für Bessi, die eigentlich nichts anderes tat, als unter dem Tisch zu sitzen und hungrig auszusehen und mit dem Schwanz zu wedeln, um sich einen Leckerbissen oder zwei zu erbetteln.

Großmutter hatte keine Lust zu erzählen, was gerade passiert war, das sah Allis ihr an. Ihr Mund war wie ein Strich.

»Ich erzähl's dir später.«

Großvater nickte. Wenn Großmutter so eine Laune hatte, dann war es das beste, so schnell wie möglich zu verschwinden. Das hatte die Erfahrung ihn gelehrt. Allis dachte das gleiche und suchte rasch ihre Sachen zusammen.

»Ich muß heute meine Schlüssel wiederhaben«, sagte Großvater an der Tür. Er war auf dem Weg zur Garage.

»Du kriegst sie, wenn ich meine wiederhabe«, antwortete Großmutter scharf.

»Und wer hat deine Schlüssel?«

»Allis. Sie hat sie in der Schule vergessen.«

»Dann mußt du einen Zweitschlüssel vom Hauptschlüssel machen lassen. Ich brauch das Schlüsselbund.«

Allis blieb nicht, um sich anzuhören, wie es weiterging. Sie nahm einen Anlauf in ihrem Zimmer und rannte durchs Wohnzimmer, rief »tschüs« im Laufen und raste zur Flurtür hinaus wie von einer Kanone abgeschossen. Im Treppenhaus hörte sie Großmutter noch rufen:

»Aber deine Butterbrote!«

»Ich kann nichts hören!« schrie Allis. Und dann schlug die Haustür hinter ihr zu.

Sie lief so schnell über die Straße und geradewegs auf den Bauwagen zu, daß sie kaum auf den Verkehr achtete. Dem Storch aus Plastik versetzte sie einen solchen Schubs, daß er eine ganze Weile wippte.

Und Großmutter, die sich ein wenig beruhigt hatte, ging in der Küche umher und brummte wie eine Beschwörung vor sich hin:

»Ein Kamel geht leichter durch ein Nadelöhr, als daß ein Dieb in den Himmel kommt.«

FÜNFTES KAPITEL

Ein schlechter Tag

Allis lief die Allee hinauf, die auf den Hügel führte. Sie wurde Allee der Seufzer genannt, weil sie so lang und anstrengend war, daß jeder auf halbem Wege anfing zu seufzen. Der Hügel mit dem Park, »Der kleine Grüne« genannt, liegt mitten in der Stadt, in der die Häuser hoch wie Türme sind. Durch den Park schlängelt sich die Allee der Seufzer bis zum höchsten Punkt, wo man Aussicht hat über eine Eisenbahnlinie, eine Brücke und eine Schule, die aussieht wie ein Fort.

Dorthin war Allis unterwegs wie jeden Morgen. Aber an diesem Morgen war ihr Sigge nicht auf den Fersen, und sie fragte sich, wo er blieb. Sobald sie ihn zu fassen kriegte, würde sie ihm ihre Meinung sagen. Er war ja wohl verrückt!

Ohne es selbst zu merken, hatte sie angefangen, die Melodie zu summen, die sie vorhin im Radio gehört hatte. Das war die Art Melodie, die sich in einem festsetzte, eigensinnig wie ein Iltis. »Juw gottö fränd!«

Sie hatte Lust, lauter zu singen, und sah sich um. Sie war allein im Park. Und sie sang: »JUW GOTTÖ FRÄND!«

Von der anderen Seite der Hügelkuppe antwortete ein Echo.

Sie lief das letzte Stück hinauf. Jetzt kamen die Seufzer. Als sie oben anlangte, kriegte sie fast keine Luft mehr, und wenn sie ein wenig mehr Luft in den Lungen gehabt hätte, hätte sie nicht so leise gesprochen, als sie das Echo selbst entdeckte, einen gewissen, wohlbekannten Sigge, der auf einer Parkbank saß und unschuldig aussah. Niemand konnte so unschuldig aussehen wie er!

»Du darfst den Vogel da oben haben, Sigge, aber nicht den Kamelsattel und die Decke. Und nicht den Fuchs! Verstehst du das? Verstehst du, was du getan hast?«

Sigge sah noch unschuldiger aus, falls das überhaupt möglich war, als er ruhig antwortete:

»Setz dich. Du kriegst ja keine Luft mehr. Ich weiß nichts von Kamelsattel und Fuchs. Nichts.«

»Ich krieg wohl noch Luft«, fauchte Allis. Jetzt kochte sie förmlich über. »Weißt du, wie böse meine Großmutter werden kann? Weißt du das? Sie hat einen sechsten Sinn, verstehst du, deswegen weiß sie, wenn man lügt. Sie weiß, daß ich wegen der Schlüssel gelogen habe. Ich bin ganz sicher.«

Sigge holte das Schlüsselbund aus seiner ewigen Plastiktüte, die er anstelle einer Schultasche benutzte. Er reichte Allis die Schlüssel. Sie steckte sie so schnell in ihre Tasche, daß es aussah, als ob sie fürchtete, Sigge könnte sie ihr wieder wegnehmen. Aber Sigge schien ganz ungerührt.

»Ich hab den Vogel woanders hingebracht. Eine richtig gute Stelle, wo keiner sagt, ich bin ein Dieb.«

Allis wurde verlegen.

»Ich hab nicht gesagt, daß du ein Dieb bist.«

»Aber du denkst es.«

Unsicher schielte Allis zu Sigge. Dann ging sie langsam in Richtung Schule, aber nicht wütend und energisch, wie sie es eigentlich wollte. Sigge folgte ihr. Als sie die Brücke überquerten und fast die Schule erreicht hatten, musterte Sigge Allis' Schultasche und las, was auf dem Aufkleber stand, der darauf war: »Allis Chalmer.«

»Was ist das?«

»Ein gelber Bagger. Mit Radlader. Papa hat solche Bagger verkauft. Aber niemand wollte sie kaufen. Da hat er Pleite gemacht. Und dann ist er zur See gegangen, Mama auch, weil sie da ziemlich viel Geld verdienen.«

Sigge seufzte.

»Ja, so ist das mit dem Geld.«

»Und was bedeutet dein Name, Sikorka Tczyniecki?«

Sigge zögerte ein bißchen, bevor er antwortete. Wußte er vielleicht nicht, was er sagen sollte?

»Das bedeutet nichts Besonderes. Nur daß man aus Polen kommt und mit seinem Papa rumreist. Man ist überall und baut. Man baut schwarz. So ist das mit dem Geld.«

»Nur das? Nichts mehr?«

»Sikorka bedeutet auch etwas mit Vogel, kleiner Vogel...«

Allis blieb plötzlich stehen. Fast hätte sie Sigge erzählt, daß sie davon geträumt hatte, jemand habe es gesagt, oder daß ein Engel in ihr Zimmer gekommen war, während sie noch wach war, und er hätte gesagt, daß jemand, dessen Name

kleiner Vogel bedeutete… Da streckte Sigge die Hand
aus.

»Bist du müde? Ich kann deine Tasche tragen, wenn du
willst.«

Allis war so verblüfft, daß sie ihm einfach ihre Schultasche
reichte, und im nächsten Augenblick hörte sie Sigge rufen:

»Oh! Ich hab meine Bücher vergessen. Oh!«

Dann lief er los, die Allee der Seufzer hinunter, und mit
ihm verschwand Allis' Schultasche. Sie sah, wie sie gegen
seine Waden klatschte.

Er rennt wie ein Hase, dachte sie. Aber sein Name bedeutet
kleiner Vogel…

In dem Augenblick begann es zu schneien. Alle Himmels-
türen öffneten sich, und die Erde wurde weich und weiß.
Allis guckte auf ihre Sandalen.

»Ist Sigge heute krank?« fragte die Lehrerin, während sie
sich die morgenmüden Augen hinter der Brille rieb und
gleichzeitig versuchte, an ihrem Wasserglas zu nippen.

Die Klasse sah Allis fragend an. Sie war zu einer Art Sigge-
Kümmerin geworden.

»Nein. Er hat nur seine Bücher vergessen, und dann hat er
sich aus Versehen meine Schultasche geliehen – und dann
ist er zurückgelaufen. Deswegen hab ich auch keine Bücher«, nuschelte sie.

Die Lehrerin seufzte schwer, so schwer, daß man meinen
könnte, sie wanderte die Allee der Seufzer hinauf.

Dann versuchte sie alles von der freundlichen Seite zu sehen und sagte: »Na, dann wird er wohl bald kommen. Wißt ihr übrigens, woran ich heute morgen gedacht habe, als ich auf den Kalender guckte?«

Niemand schien es zu wissen.

Die Lehrerin machte einen neuen Versuch. »Woran hab ich gedacht, als ich sah, daß es nur noch wenige Wochen bis zum ersten Advent sind?«

»Weihnachtsgeschenke!« rief Morgan.

Aber die Lehrerin schüttelte den Kopf, wie so oft, wenn Morgan meinte, ihm sei das Richtige eingefallen.

»An Weihnachten!« sagte Tina.

Klar war es Weihnachten. Alle riefen es durcheinander.

Die Lehrerin sah überglücklich aus, und Allis dachte, dies mußte eine Art Theaterstück sein, das jedes Jahr wieder in allen Klassen gespielt wurde. Sie hörte die Lehrerin vom Backen und Verkaufen reden, und einige riefen:

»Die Aufführung! Wir müssen etwas aufführen. Das haben wir in der Dritten und der Zweiten und der Ersten auch gemacht.«

Und die Lehrerin ergänzte: »Damit wir etwas in unsere Klassenkasse zur Weihnachtsfeier im nächsten Jahr kriegen.«

Allis ging es durch den Kopf, daß sie wahrscheinlich die einzige war, die Weihnachten und die Weihnachtsbäckerei nie besonders gemocht hatte. Ihre Mama war in diesem Punkt auch nicht gerade begabt. Sie war so eine Mama, die alles vergaß und behauptete, sie kriege eine Allergie, wenn sie nur an Weihnachten dachte. Bei Großmutter würde es vielleicht besser werden. Die würde wahrscheinlich einen Rekord im Backen aufstellen. Und Sigge? Würden die Männer in dem Bauwagen vielleicht Plätzchen backen? Weihnachten schien nur für eine besondere Art Menschen zu sein, die eine besondere Art Ordnung um sich hatten. Bei denen stand immer eine backwütige Mama bereit und wartete nur auf das Signal aus der Schule. Möchte mal wissen, ob es solche Menschen gibt, dachte Allis. Aber dann hatte sie keine Zeit mehr zum Nachdenken. Jetzt wollte die Klasse planen, ihre Weihnachtsfeier planen. Ihr wunderbares, herrliches Weihnachtsfest. Ihre wunderliche, entbehrliche Weihnachtspest, schoß es Allis durch den Kopf, die immer alle Wörter verdrehen wollte.

Der Mann vom Schlüsseldienst drehte sich mißtrauisch zu Sigge um und hielt das große Schlüsselbund gegen eine Lampe.
»Weißt du, daß der Schlüssel, den du nachmachen lassen willst, geschützt ist? Hier steht ein Code.«
Der Mann zeigte mit seinem kräftigen Zeigefinger auf einen fast unleserlichen Ziffercode auf dem Hauptschlüssel zu Allis' Haus, den Sigge nachgemacht haben wollte. Sigge blieb gelassen.
»Das weiß ich doch. Ist gar kein Problem. Mein Papa hat mich geschickt. Der arbeitet auf dem Bau, du weißt, der da oben, der sieht aus wie ein Paket. Mein Papa braucht einen Reserveschlüssel.«
Sigge nickte dem Mann vom Schlüsseldienst eifrig und auf-

munternd zu. Er war geradewegs hierher gelaufen, nachdem er Allis abgeschüttelt hatte. Jetzt holte er eine Handvoll Münzen aus der Tasche, um zu zeigen, daß er auch bezahlen konnte.

»Er hat mir das Geld gegeben, Papa also«, erklärte er.

»Malocht der auch als Parkuhrwächter? Ach, ich hab bloß einen Spaß gemacht«, sagte der Mann, und Sigge verstand nicht richtig, was er meinte.

Nein, Sigge konnte ja nicht wissen, daß vor einiger Zeit zwei Parkuhrwächter das ganze Geld aus den Parkuhren in die eigene Tasche gesteckt hatten. Das war also kein besonders guter Scherz.

Sigge versuchte richtig überzeugend zu wirken, als er sagte:

»Nein, Papa hat heute morgen nur ein bißchen Geld aus der Kaffeedose genommen. Er spart nämlich, damit er mir vielleicht mal solche Loafers kaufen kann, weißt du, solche mit Münzen dran...«

Der Mann zögerte immer noch. Ein lahmer Typ!

»Papa hat bestimmt nicht gewußt, daß es Probleme gibt. Sonst hätte er wahrscheinlich Timo geschickt, der ist Boxer...«

»Mal ganz cool«, antwortete der Mann und stellte endlich seine Schleifmaschine an.

Während er den Schlüssel kopierte, musterte Sigge den kleinen Korb mit Schlüsselringen, der vor ihm auf dem Tresen stand. Er fand einen Schlüsselring mit einer kleinen Taschenlampe dran und rief durch den Lärm, den die Drehbank machte:

»Die hier sind doch bestimmt umsonst, nicht?«
Der Mann nickte müde.
Sigge steckte die Lampe in eine der Westentaschen und
war richtig zufrieden mit sich selbst, als er ging.
»Keep cool«, sagte er und blinzelte dem Mann zu.

Was ist ein Steinwichtel? Damit es auch jeder verstand,
hatte die Lehrerin einen Wichtel an die schwarze Tafel gezeichnet. Alle hatten Steine, eine Schere, eine Tube Kleb-
stoff und rote Filzfetzen bekommen.
»Und jetzt fangt ihr einfach an zu improvisieren«, sagte die
Lehrerin, und damit meinte sie, daß jeder einen Steinwichtel aus seinem Innersten schaffen sollte. »Es kann ein lieber
Wichtel sein oder ein böser oder...«
Weiter kam sie nicht. Morgan unterbrach sie. Er sagte ihr,
wie die Wichtel auszusehen hatten, wenn sie verkauft werden sollten:
»Meine Mama hat schon zwei, einen, den ich im letzten
Jahr gemacht habe, und den vom vorletzten Jahr. Sie kauft
nur meine Wichtel. Und die müssen immer lieb aussehen,
sie will, daß ich auch fröhlich und lieb aussehe.«
Einige Mädchen in der Klasse unterdrückten ein Kichern.
Nur Allis verlor alles Interesse an dem, was passierte, und
glitt in eine andere Welt. Vielleicht wollten Mütter ihre
Kinder so haben, wie Morgan es beschrieben hatte: fröhlich und nett. Vielleicht war Allis auch so gewesen, ohne
sich dessen bewußt zu sein. Wahrscheinlich war sie wie
alle anderen gewesen bis zu dem Tag, an dem sich alles

veränderte. Wenn sie an den Tag dachte, wurden ihre Gedanken ganz kurz, wie Bilder, die sehr schnell vorbeiblättern. Zwei Paar rote Füße in roten Sandalen. Von irgendwoher Stimmengewirr von einem Schulhof. Eine Mädchenhand legt das Blütenblatt einer Rose auf einen bestickten Stoffetzen. Eine zweite Hand verschiebt eine rosa Blüte. Eine Stimme ruft: »Sieger! Sieger!«

Dann liefen sie hintereinander her über den Schulhof. Sie spielten Fangen.

»Fang mich doch! Fang mich doch!« rief Allis. Ann lief hinter ihr her. Allis überquerte die Landstraße, die direkt vor der Schule vorbeiführte. Lief zu einem verstrüppten Wäldchen. Umrundete den einzigen großen Baum. Lief wieder zurück. Hatte keine Zeit aufzupassen, als sie über die Landstraße lief. »Fang mich doch!« Vielleicht hat sie es gesagt, vielleicht auch nicht, denn sie hörte nur das Geräusch von einem großen Auto, das zu bremsen versuchte, nichts anderes, und dann die Stille und alle Kinder auf dem Schulhof, die sich langsam umdrehten, und alles in Allis gefror zu Eis. Jemand war der Sieger, aber es waren weder Allis noch Ann. Es war der, dessen Namen man nicht kennt. Ann war fort. Allis war übriggeblieben.

»Allis! Woran denkst du? Wie kommst du mit deinem Wichtel voran? Möchtest du auch ein Engel sein, Allis?«

Die Lehrerin beugte sich über Allis' Tisch. Sie hatte eine aufrichtig besorgte Falte zwischen den Augenbrauen.

»Engel sein?« sagte Allis fragend, und sie begriff, daß sie in Gedanken sehr, sehr weit fort gewesen war.

Als sie aufsah, bemerkte sie, daß sich die anderen vor der

Tafel aufgestellt hatten. Sie hielten Schilder hoch, auf die sie geschrieben hatten:

DIE FEUERWEHRMÄNNER DIE HUNDE
DIE ENGEL DIE ZIGEUNER

Feuerwehrmänner, das waren natürlich einige der frechsten Jungen. Die Hunde – wer anders als Johanna und Tina. Die Zigeuner – die, die übriggeblieben waren, Jungen und Mädchen, und schließlich die Engel. Das waren ein paar blonde Mädchen, die Allis breit anlächelten.
Allis guckte böse zurück.
Als Sigge in diesem Moment die Tür aufriß und atemlos in die Klasse gestürzt kam, war Allis froh, daß sie einen Augenblick Bedenkzeit bekommen hatte. Wenn sie etwas nicht sein wollte, dann war das ein Weihnachtsengel.
»Gut, daß du kommst, Sigge«, sagte die Lehrerin. Ihre Stimme klang so, als ob sie es ehrlich meinte.
Sigge warf Allis einen besorgten Blick zu, aber sie wich ihm aus.
»Es war niemand da, abgeschlossen... Deshalb hab ich keine Bücher.«
»Schade, Sigge. Jetzt mußt du dich für eine Gruppe entscheiden. Wir wollen nämlich ein Weihnachtsfest mit einer Aufführung feiern, weißt du. Möchtest du vielleicht Feuerwehrmann sein? Oder Zigeuner?«
Sigge schien genauso wild darauf zu sein, als Zigeuner aufzutreten, wie Allis darauf, ein Weihnachtsengel zu sein.
Aber er hatte schneller eine Antwort als Allis: »Nein. Das will ich nicht!«

»Und du, Allis? Willst du kein Engel sein?«

Allis wußte nicht, was sie sagen sollte. Sie wußte: ein einziges Wort, und sie würde anfangen zu weinen. Dann könnte sie plötzlich, wie damals, als die andere Allis in sie gefahren war, anfangen, alles zu erzählen, was ihr durch den Kopf ging. Daß sie voller Tränen war, Tränen, die sie nicht weinen konnte, weil sie gefroren waren.

»Was ist denn jetzt mit euch beiden Zugvögeln?« fragte die Lehrerin nun schon etwas gereizt. »In dieser Schule machen wir bestimmte Sachen auf eine bestimmte Art und Weise, da könnt ihr euch doch nicht querstellen und zu spät kommen und immer nur tun, was ihr wollt! Allis – du bist ein Engel. Sigge – ich finde, du gibst einen prima Feuerwehrmann ab.«

»Nein, hab ich gesagt. Ich mach was Eigenes. Etwas anderes. Etwas, das nur ich weiß«, sagte Sigge, und bevor die Lehrerin etwas sagen konnte, fiel Allis ein:

»Ich auch. Etwas anderes. Etwas, das nur ich weiß.«

Es klingelte zur Pause. Sigge reichte Allis die Schultasche und verschwand nach draußen. Sie überzeugte sich, ob die Schlüssel noch da waren, und das waren sie. Dann stand sie auf. Sie merkte, daß ihre Schuhe vollkommen durchnäßt waren. Schneematsch und Sandalen, das paßte einfach nicht zusammen. Die Lehrerin saß noch am Pult und sortierte Papiere.

»Darf ich in der Pause bitte drinnen bleiben? Meine Schuhe sind so naß«, sagte Allis, aber die Lehrerin hatte genug.

Sie rastete aus. Sie sagte all das, was sie nicht sagen wollte und das sie schon in der nächsten Sekunde bereuen würde, aber da war es schon heraus:

»In dieser Schule gehen die Kinder in der Pause auf den Schulhof, und ich nehm das nicht länger hin, daß du und Sigge euch dauernd in den Mittelpunkt spielt und Forderungen stellt. Ich halt das nicht mehr aus. Wenn alle sich so benehmen würden! Keine Wichtel machen wollen, keine Engel sein wollen, nichts sein wollen! Vögel im Schrank und was weiß ich! Nein! Jetzt reicht es!«

Als die Lehrerin zu diesem Punkt gekommen war, war Allis schon verschwunden.

Draußen war der Schnee in Regen übergegangen.

Der Schnee auf der Erde hatte sich in klebrigen, kühlen Matsch verwandelt. Einige Klassenkameraden bildeten einen drohenden Kreis um Allis und Sigge, die sich zum Schutz gegen den Regen unter den Baum gestellt hatten.

Jemand sagte wütend:

»Was ist das für eine andere Sache, die ihr machen wollt, von der keiner was weiß?«

»Irgendwas ganz Blödes! Oder total Bescheuertes«, sagte jemand, den Allis nicht sehen konnte. Aber daß es Tina war, die sagte: »Vielleicht sind sie ineinander verknallt. Sie sind ja beide so besonders«, das konnte Allis sehen. Und Morgan, der immer alle ärgern mußte, fügte hinzu: »Die glauben, sie sind wer!«

Sigge machte einen Schritt nach vorn und sagte so ruhig, wie er konnte: »Weg! Weg euch!«

Tina machte sich über ihn lustig: »Wäck! Wäck euch!«
Natürlich war es Morgan, der genau das sagte, was alles
zum Explodieren brachte:
»Mein Papa sagt, daß all die Schwarzköpfe dahin zurück-
fahren sollten, wo sie herkommen. Ab mit denen! Also hau
ab, du!«

Es war ein schlechter Tag. Ein schlechter Tag für alle. Und
weil es ein besonders schlechter Tag war, mußte Großmutter mit Großvaters Schlüsselbund zum Schlüsseldienst
stürzen, um sich einen Zweitschlüssel machen zu lassen.
Auf dem Tresen im Laden stand eine Schale mit Schlüssel-
anhängern. Großmutter dachte einen Augenblick nach, ob
sie so einen Anhänger mit einer kleinen Taschenlampe
dran haben wollte. Und ihr wurde schnell klar, sie wollte
nicht, also reichte sie dem Mann hinterm Tresen den
Hauptschlüssel mit dem Code.
»Den kenn ich«, sagte der Mann, und dann wurde es
schwierig.
Es war ein Glück, daß Allis nicht wußte, was vor sich ging.
Sie hatte genug damit zu tun, ihr schmerzendes Schienbein
zu reiben. Sie hatte nämlich Großmutters Rat befolgt und
ihre Feinde gegen die Schienbeine getreten, als die Prügelei
auf ihrem Höhepunkt war. Aber wozu sollte dieser Rat gut
sein? Die Feinde hatten zurückgetreten! Wie das brannte!
Allis schielte zu Sigge, der über einem aufgeschlagenen
Matheheft saß und so tat, als ob er rechnete. Er hatte einen
roten Kratzer auf der einen Hand. Die Lehrerin schien

nichts zu bemerken. Die meisten in der Klasse sahen ziemlich zerrauft aus. Vielleicht wollte sie nichts merken? Die Prügelei war so schlimm gewesen, daß am Ende niemand mehr wußte, auf welcher Seite er war. Allis hatte gesehen, wie Tina Morgan eine verpaßte, obwohl die beiden Sigge den ganzen Herbst über gemeinsam getrietzt hatten. Niemand hatte gewonnen, und niemand hatte verloren. Aber es schien so, als ob es von nun an ruhiger werden würde. Allis war sich aber nicht ganz sicher.

Sie konzentrierte sich auf ihr Matheheft. Versuchte zu rechnen, ohne an etwas anderes zu denken. Mußte wieder zu Sigge schielen. Er rechnete nicht. Er zeichnete einen Vogel. Jetzt war die Lehrerin ganz nah. Sie half Morgan bei einer Aufgabe.

Sigge merkte, daß sie auf dem Weg in seine Richtung war. Er versuchte den Vogel in seinem Heft mit einer Hand zuzudecken. Der Hand ohne Kratzer. Aber die Lehrerin wollte seine Ergebnisse sehen.

»Nun gib mir bitte das Heft!«

Sie guckte. Allis dachte, daß sie vielleicht sagen würde, was für ein schöner Vogel es war. Aber statt dessen sprach die Lehrerin zur ganzen Klasse. Ihre Stimme klang aufgebracht. Oder müde.

»Sikorka, ich hab dich satt!«

Aber sie sagte es nicht zu Sigge, sie sagte es zu allen. Sie hielt das Heft mit dem Vogel hoch, damit alle ihn sehen konnten. Als ob sie die Kinder um Hilfe bitten wollte. Allis fand das so schrecklich, daß sie am liebsten im Erdboden verschwunden wäre. Oder sie wollte der Lehrerin sagen, daß sich so etwas für eine Lehrerin nicht gehörte! Aber die Lehrerin brüllte schon weiter:

»Kannst du nicht ein einziges Mal tun, was alle tun? Nichts anderes! Nur ein einziges Mal! Rechnen! Nicht zeichnen!«

Allis war überzeugt, daß Sigge überhaupt nicht rechnen konnte. Jetzt versuchte er eine Aufgabe hinzuschreiben. 27 − 2. Aber die Zahlen tanzten irgendwie herum auf dem Blatt, auf den Kopf gestellt, von hinten nach vorn. Plötzlich meinte Allis zu wissen, daß Sigge noch nie etwas gelernt hatte. Er war bloß immer angebrüllt worden.

SECHSTES KAPITEL

Der neben dir geht

Es ist merkwürdig mit schlechten Tagen, sie sind irgendwie ausdauernder und eigensinniger als gute Tage. Das Schlechte sitzt fest, wie ein Geruch.

Als Allis an diesem Tag aus der Schule kam, stand Großmutter grollend im Hausflur zusammen mit einem Mann vom Schlüsseldienst, der den Schloßzylinder austauschte.

Auf dem ganzen Weg nach Hause hatte es geregnet, und Allis war naß wie eine Katze.

»Aber Allis, wie siehst du denn aus!«

»Es regnet doch«, sagte Allis.

Großmutter holte tief Luft. »Also, jetzt sag mir mal...«

Und Allis unterbrach sie: »Ich hab doch gesagt, es regnet.«

»Das mein ich nicht. Was ist mit den Schlüsseln, Allis? Ich mache mir wirklich Sorgen. Du weißt doch, daß ich die Verantwortung für sie habe. Und heute morgen hab ich beim Schlüsseldienst erfahren, daß ein Junge dort gewesen ist, um sich eine Kopie vom Hauptschlüssel machen zu lassen.«

Bevor Allis eine Antwort eingefallen war, hatte sich Großmutter schon wieder an den Mann gewandt. Mit unterdrückter Wut sagte sie: »Ich versteh allerdings nicht, wie
Sie so verantwortungslos handeln konnten!«

Allis holte das Schlüsselbund aus ihrer Schultasche.

»Aber hier ist es doch. Es war in meiner Tasche!«

Großmutter wußte überhaupt nicht mehr, was sie davon
halten sollte, und der Mann nahm die Chance wahr, sich
herauszureden:

»Das Schlüsselbund war es nicht, glaub ich. Ich
muß irgendwas durcheinandergebracht haben. Natürlich
könnte es das gewesen sein, aber genausogut ein anderes...«

*Großmutter hat mir heute ein Tagebuch geschenkt, als wir
unterwegs waren, Wintersachen für mich kaufen. Plötzlich hatte sie die Idee, daß ein Mädchen in meinem Alter
ein Tagebuch haben müßte. Ich hab mir dies ausgesucht,
mit Rosen auf dem Umschlag, weil das, woran ich am meisten denke, mit Rosen zu tun hat. Wenn ich nicht daran
denke, denke ich über Sigge nach. Warum ist er, wie er ist?
Ihn kann man nicht vergessen, weil er ständig auftaucht.
Nicht nur in den Gedanken, auch in Wirklichkeit. Er sollte
mir egal sein, aber er hat einen kranken Vogel. Der Vogel
ist mir nicht egal. Manchmal glaub ich, das ist ein geheimes
Zeichen.*

★ ★ ★

Es war spät am Abend, als Allis in ihrem Schlafanzug dasaß und zum ersten Mal in ihr neues Tagebuch schrieb. Das war ein merkwürdiges Gefühl. Ein bißchen holprig ging es. Es war, wie laut mit sich selbst zu sprechen und dann über die eigene Stimme zu staunen. Klingt sie so? Wie komisch sie klingt!

Klatsch! Ein Geräusch am Fenster wie damals, als der Vogel gegen das Fenster in der Schule geprallt war. Noch einmal. Klatsch!
Allis sprang aus dem Bett und lief zum Fenster. Unten auf der Straße stand Sigge, eine Taschenlampe in der Hand. Er fuchtelte mit den Armen. Allis öffnete vorsichtig und hörte Sigge mit unterdrückter Stimme rufen:
»Allis! Du mußt runterkommen und aufmachen. Ich kann nicht rein!«
»Ich schlafe«, sagte Allis.
»Es ist wichtig!« rief Sigge so laut, daß Allis zusammenzuckte. »Sonst stirbt der Vogel. Hast du verstanden?«
»Du hast doch gesagt, du hast ihn woanders hingebracht. Bist du verrückt? Ich komme.«
Allis schloß das Fenster, zog sich eine Strickjacke an und schlich leise durchs Wohnzimmer, wo Großmutter und Großvater lagen und schliefen, zusammen mit den Hunden. Die Schlafcouch sah wie ein kleines Schiff aus. Aus Versehen stieß Allis gegen die Radioanlage, und irgendein Wahnsinniger in der Welt fing plötzlich an zu reden. Die Hunde wurden wach. Allis streichelte sie und versuchte sie

zu beruhigen. Sie merkte, daß Großvater aufhörte zu schnarchen und sich im Schlaf umdrehte. Er murmelte irgend etwas, das klang wie: »Aha, sie senden also. Sie senden die ganze Zeit.«

Dann kam ein riesiger Schnarcher. Er war wieder eingeschlafen!

Allis öffnete die Tür zur Küche, lockte die Hunde zum Kühlschrank und gab ihnen ein paar Leckerbissen, mit denen sie sich beschäftigen konnten. Dann schloß sie die Hunde in der Küche ein und lief nach unten.

Vor der Haustür wartete Sigge und hüpfte auf der Stelle. Sie sah die SOS-Signale, die er mit der Taschenlampe machte. Abwechselnd kurze und lange Signale.

Was hatte er jetzt schon wieder angestellt?

Durchnäßt und nur dünn angezogen betrat er das Treppenhaus.

»Du hast doch gesagt, daß der Vogel nicht mehr hier ist. Das hast du gesagt, Sigge!«

»Du hast ja Schlüssel!«

Er wollte nicht auf das antworten, was Allis eigentlich meinte. Warum er log. Die ganze Zeit! Allis versuchte ihm zu erklären, was für einen Ärger es gegeben hatte wegen neuer Schlösser und neuer Schlüssel, nur weil er sich eingebildet hatte, besonders clever zu sein, als er sich die Schlüssel nachmachen ließ.

Aber Sigge antwortete nur:

»Kapierst du denn nicht, was es für einen Vogel bedeutet,

nicht fliegen zu können, gar nichts zu können, bloß rumzu-
liegen. Du mußt den Schlüssel holen.«

»Großmutter hat die neuen Schlüssel im Schrank eingeschlossen. Ich weiß nicht, was ich tun soll.«

Aber Sigge wußte es.

»Es gibt doch bestimmt einen Schlüssel zu diesem
Schrank! Was abgeschlossen ist, kann man auch aufschließen. Oben sitzt der Vogel und wartet.«

Sie maßen einander mit Blicken. Wie weit würde Allis für
den Vogel gehen?

»Wenn ich es schaffe, dir einen Schlüssel für den Dachboden zu besorgen, dann tu ich das nicht, weil du mein
Freund bist, sondern weil mir der Vogel leid tut. Nur deswegen«, sagte Allis und fand selbst, daß das nicht ganz
überzeugend klang.

»Wenn du nur den Schlüssel ranschaffst. Jetzt. Es geht um
Leben und Tod. Hast du das kapiert?«

Wenn sie etwas begriffen hatte, dann war es der Unterschied zwischen Leben und Tod.

Sigge sah ihr geradewegs in die Augen. Sie spürte es durch
die Dunkelheit im Treppenhaus. Sie flüsterte:

»Ja. Das hab ich. Ich kenne den Unterschied.«

Sie spürte, wie seine Augen sich an ihr festhielten, und sie
fuhr fort: »Geh nach oben und warte an der Dachbodentür. Aber sei leise wie der Tod.«

Er blieb zögernd stehen.

»Geh jetzt.«

Trotzdem blieb er stehen. Er flüsterte: »Ich hab aber solche Angst vor Dunkelheit.«

»Dann mach die Taschenlampe an.«

Sie sah ihn die Treppe hinauf verschwinden. Die Schuhe trug er in der Hand.

Es war gar nicht so schwer, wie sie geglaubt hatte, den Schlüssel zum Schrank aus Großmutters Schürzentasche zu angeln. Es bedurfte nur ein bißchen Entschlossenheit. Und Mut, sechs dunkle Treppen mitten in der Nacht hinaufzugehen. Aber als Allis endlich oben ankam, wartete dort Sigge und ließ die Taschenlampe aufblitzen. Sie schlossen die Dachbodentür auf und kletterten die Leiter hinauf.

Während Sigge seinen Vogel fütterte, der sehr hungrig zu sein schien – sobald Sigge ihn auf den Arm nahm, pickte er gegen Sigges Hand –, wollte Allis sich ein bißchen umsehen. Sie leuchtete mit der Taschenlampe den Raum ab. Sie sah eine Ecke mit ein bißchen Gerümpel und eine Ecke mit einer hübschen Decke. Mitten im Raum ragte der Schornstein auf, und davor stand – der Kamelsattel! Und dort, in der Fensternische, der gläserne Fuchs.

»Der Kamelsattel«, stöhnte Allis.

»Er ist praktisch«, sagte Sigge.

»Der ist geklaut! Und die Decke. Und der Fuchs. Sigge!«

Er antwortete mit einer Stimme, die irgendwie ganz selbstverständlich klang: »Wenn man sich um einen Vogel kümmern muß, kann es passieren, daß man alles mögliche tun muß.«

Allis war sprachlos. Wenn sie mit Sigge zusammen war, fiel ihr oft keine Antwort ein. Aber er redete weiter: »Bald kommt ein Bus über die Brücke. Der leuchtet schön.«

»Bist du nachts immer hier gewesen, seit du mein Schlüsselbund genommen hast?«

»Vielleicht.«

»Obwohl du Angst vor der Dunkelheit hast?«

»Noch mehr Angst hab ich, daß der Vogel stirbt.«

»Wie heißt er?«

Allis kauerte sich vor Sigge hin und betrachtete den Vogel aus der Nähe. Er war ziemlich klein, aber der Kopf war groß, genau wie der Schnabel.

»Der heißt nichts. Nur Vogel. Ich weiß nicht, was das für einer ist, vielleicht ein Zugvogel, weißt du.«

»Genau wie wir. Wie unsere Lehrerin gesagt...«

Sigge kriegte offenbar die Wut, wenn er nur an die Lehrerin dachte. »Die ja!« knurrte er. »Mörderin. Sie wollte den Vogel totmachen.«

»Was willst du mit seinem Flügel machen? Vielleicht kann er nie wieder fliegen.«

Für Sigge gab es da keine Zweifel. »Der fliegt«, sagte er energisch. »Das hab ich bestimmt.«

Allis rutschte über den Fußboden zum Kamelsattel. Beobachtete Sigge, wie er den Vogel streichelte. Der Vogel drückte sich eng an ihn. Da fiel Allis Jompa ein. Warum war sie nicht eher darauf gekommen?

»Sigge! Großvater hat einen Freund, Jompa. Der kann Eulen nachmachen. So daß die Eulen ihm glauben. Der versteht ganz viel von Vögeln. Richtig.«

»Wie meinst du das?«

Allis versuchte Jompa nachzuahmen, wie er eine Eule nachmachte. Aber es gelang ihr nicht besonders gut.

»So ungefähr macht er es«, erklärte sie, »nur viel besser. Dann ist eine Eule gekommen und hat sich im Baum niedergelassen. Genau über Jompa und mir.«

»Am ersten Tag in der Schule hast du unter einem Baum gesessen. Einfach so.«

Jetzt spürte Allis, daß Sigge sie wieder ansah, ganz genau.

»Du willst immer allein sein. Du könntest massenhaft Freunde haben. Alle diese Hunde-Mädchen... Aber du willst nicht.«

»Wollen wir nicht Jompa fragen, was man mit einem verletzten Flügel macht?«

»Nein!«

»Aber warum nicht?«

»Der sagt doch nur, daß man ihn totschlagen muß. Erwachsene sind so praktisch. Kaputte Flügel sind unpraktisch.«

Allis dachte ein bißchen nach. Wenn Sigge nun recht hatte?

»Als was willst du auftreten? Bei der Weihnachtsfeier?«

Es war besser, von was anderem zu reden. Und Sigge sagte, wie es war: »Als nichts.«

Allis mußte zugeben, daß ihr auch noch nichts eingefallen war.

»Ich mag keine Weihnachtsfeiern. Früher hatte ich sie gern, als Ann und ich...«

Jetzt hatte sie sich verplappert! Sigge fragte sofort:

»Wer ist Ann?«

»Niemand.«

»Jemand muß es doch sein. Ihr seid doch Freunde?«

»Nein! Wenn man tot ist, ist man niemand. Dann gibt es einen nur noch in dem, der sich an einen erinnert«, rutschte es Allis heraus.

Sigge antwortete blitzschnell: »Wie zum Beispiel in dir.«

Dann sagten sie lange nichts. Sigge suchte nach Worten für das, was er sagen wollte. Wenn er diese Sprache nur ein bißchen besser könnte. Wenn er nur nicht die ganze Zeit nach Wörtern suchen müßte. Er fühlte sich so klein, sobald er den Mund aufmachte. Seine Gedanken in seiner eigenen Sprache waren anders als das, was er auf schwedisch sagen konnte. Aber er versuchte es jedenfalls:

»Du mußt nicht meine Freundin sein. Wenn doch Ann schon deine Freundin ist. Ich meine, wenn du dich an sie erinnerst. So sehr an sie erinnerst.«

Sigge sah Allis prüfend an, um zu sehen, wie sie reagierte. Ihr Gesicht zeigte nichts, und übrigens war es zu dunkel. Er mußte es wagen zu sagen, was er gern sagen wollte, ohne kontrollieren zu können, ob es ankam.

»Du kannst mir helfen, Allis, mit dem Vogel. Deswegen mußt du nicht meine Freundin sein. Glaub das. Glaub dran, wie die Eule. Du weißt...«

Es dauerte eine Ewigkeit, bis Allis antwortete.

»Ich mag den Vogel«, sagte sie. »Wirklich, ich mag ihn. Ich glaub an ihn.«

Mehr sagten sie nicht. Sigge stellte sich ans Fenster und hielt Ausschau nach dem Nachtbus. Da kam er. Sigge winkte Allis. Sie stellte sich hinter ihn, und sie folgten dem Bus mit den Augen. Er fuhr mit seiner Perlenkette von erleuchteten Fenstern geradewegs durch das dunkle Maul oberhalb des Wassers. Es sah aus, als ob die Nacht mit leuchtenden weißen Zähnen gähnte.

Bevor sie den Dachboden verließen, durfte Allis den Vogel zum ersten Mal halten. Sie war erstaunt, wie warm und lebendig sich so ein kleiner Vogelkörper anfühlte. Wie schnell das Vogelherz gegen das Brustbein des Vogels pochte. Sie senkte das Gesicht, um die Wange gegen die Vogelfedern zu legen und zu spüren, wie weich sie waren. Da hörte sie ein kleines Glockenspiel im Kopf des Vogels. Winzige Glöckchen, so klang es, spielten dort drinnen eine seltsame Melodie.

Plötzlich wußte sie, daß sie kein Tagebuch, sondern ein Nachtbuch schreiben würde. Ein Nachtbuch, in dem sie die unsichtbaren Gedanken aufschreiben würde, die sich in ihr bewegten wie eine unhörbare Melodie.

Als sie sich eine Weile später wieder in die Wohnung der Großeltern geschlichen, die Hunde aus der Küche gelassen hatte und in ihr Zimmer getappt war, holte sie das Buch hervor und schrieb:

Man hört Gesang aus den nackten Kronen der Bäume. Aber die Bäume singen nicht. Es sind die Vögel, die die winterkahlen Bäume trösten.

Vogel, möchte man fragen, wie hast du singen gelernt?

Man legt die Wange gegen den Flügel des Vogels. Man hört ein Glockenspiel und ein Vogelherz. Und draußen gähnt die Nacht.

Alles kann man nicht verstehen.

Als sie dies schrieb, meinte sie, daß ihre innere Stimme, die ihr sagte, was sie schreiben sollte, anders klang als vorher. Da hatte sie fremd geklungen. Nun war sie vertraut. Als Allis sich zum Schlafen hinlegte, meinte sie das Glockenspiel von einer der fernen Stationen, die immer noch im Radio brausten, spielen zu hören. Sie wiederholte die Worte, die sie ruhig machten:

»Alles kann man nicht verstehen.«

»Good morning!«

Großmutter öffnete die Tür zu Allis' Zimmer, aber Allis schlief wie ein Stein.

»Aufstehen!« brüllte die Großmutter, und die Hunde sprangen glücklich auf Allis' Bett und wühlten herum und versuchten, die schlafende Allis zu wecken. Sie richtete sich mit einem Ruck auf. Großmutter öffnete das Fenster, um die Nacht hinauszulassen.

»Bist du die ganze Nacht wach gewesen?« fragte sie, mehr zum Spaß, aber Allis überlegte, ob das nicht wieder der sechste Sinn gewesen war.

»Nee, ich hab geschlafen, ganz tief geschlafen«, sagte Allis und legte sich die Hand auf die Stirn. »Vielleicht werde ich krank? Dann ist man doch furchtbar müde, nicht?«

Großmutter befühlte Allis' Stirn. Allis versuchte, krank auszusehen.

»Du siehst ja ganz schön käsig aus«, sagte Großmutter.

»Aber Fieber hast du nicht. Du mußt wohl aufstehen.«

Allis versuchte, sich unter der Bettdecke zu verkriechen, aber Großmutter riß sie ihr weg.

»Nun aber raus. Rein in die Kleider und ganz schnell ge-
frühstückt. Sonst schaffst du es nicht.«

Das war typisch Großmutter. Sie redete so, und sie dachte
so. Alles mußte schnell gehen, zack, zack. Aber Allis stand
tatsächlich auf und zog sich blitzschnell an, während
Großmutter von einem denkwürdigen Morgen erzählte,
nämlich diesem Morgen:

»Kannst du dir das vorstellen, Allis, als wir aufwachten,
war das Radio an, der polnische Sender. Muß die ganze
Nacht angewesen sein. Großvater hat es aber abgestellt,
als wir schlafen gingen. Und was noch? Meine Gummi-
stiefel standen unter dem Schlüsselschrank, und der
Schlüssel steckte im Schloß – und ich weiß doch, daß er in
meiner Schürzentasche war. Kannst du das verstehen?«

Allis hatte einen Geistesblitz. Jedenfalls bildete sie sich das
ein. »Kleiner Dachschaden, Großmutter, hm?«

Großmutter griff sich an die Stirn. »Werd ich schon wie die
Gräfin? Mach mich bitte drauf aufmerksam, wenn ich an-
fange, mir meinen Lifttag zu nehmen. Wenn ich den ganzen Tag mit dem Lift rauf- und runterfahre, dann werd ich
wohl bald adlig. Bitte, hindere mich daran!«

Als Allis an diesem Morgen am Bauwagen vorbeiging,
hatte sie Lust, eine Weile stehenzubleiben und durch die
vorgezogenen Gardinen zu spähen. Nicht nur dem Plastikstorch einen Schubs zu versetzen und weiterzurennen.

Einige Sekunden blieb sie zögernd stehen. Sollte sie an-
klopfen? Sigge öffnete die Tür, bevor sie klopfte. Er schien

gerade erst aufgewacht zu sein und hatte nicht mehr an als Unterhosen und die gelben Schuhe. Über seinen Schultern hing ein nasses Handtuch; ein bißchen sah er aus wie ein Boxer, allerdings wie ein sehr spirreliger Boxer. Er hatte sich noch nicht gekämmt, und als er sich mit einem Finger durch die Stirnfransen fuhr, fielen sie ihm erst recht aufreizend in die Augen. Hinter Sigge war ein Stimmengewirr zu hören. Das waren die Männer, die auch gerade aufstanden. Allis verstand kein Wort – ihre Stimmen klangen genauso geheimnisvoll, wie wenn sie aus Großvaters Radioanlage gekommen wären. Allis war schrecklich verlegen. Was machte sie hier? Sie versuchte ein bißchen an Sigge vorbeizugucken, und da entdeckte sie zwei alte Rollschuhe – hatte er vorher nicht nur einen gehabt?

»Passen die zusammen?« fragte sie, aber Sigge dachte, sie redete von ihren neuen Winterschuhen.

»Klar passen sie zusammen«, sagte er und nickte zu ihren Füßen.

»Nicht meine. Die Rollschuhe. Deine...«

»Die passen. Zusammen. Wieso?«

In derselben Sekunde, als Sigge das sagte, wußte Allis es. Endlich! Eine Lösung des Problems mit all den Schlüsseln, die ausgeliehen, den Lügen, die gelogen werden mußten, um den Vogel zu retten. Um den sie sich jetzt gemeinsam kümmerten.

Endlich! Aber sie sagte nichts zu Sigge. Es sollte eine Überraschung werden. Statt dessen lief sie los, zur Schule.

»Eil dich, Sigge, eil dich!«

Auf der Brücke wartete sie auf ihn. Sie stand ungefähr da,

wo sie nachts den Bus hatten fahren sehen. Und nach einer Weile kam Sigge angeflitzt, ein ganz anderer Sigge als der, den sie vor einer Weile gesehen hatte. Sie mußten beide lachen.

Als Allis und Sigge wie üblich ein bißchen zu spät kamen, stand die Lehrerin beim Katheder und versuchte, einen Flügel aus Stahldraht am Rücken von einem der blonden Engelmädchen zu befestigen. Die ganze Klasse schien damit beschäftigt zu sein, ihre Kostüme für die Weihnachtsfeier vorzubereiten. Hatten ihre Mütter nichts anderes getan, als Feuerwehruniformen und Engelflügel zu nähen? Wie sollten Allis und Sigge es je schaffen, so schön zu werden?

»Entschuldigung, daß wir fast zu spät gekommen sind«, sagte Allis und fügte gleich die Neuigkeit hinzu, die noch nicht einmal Sigge kannte: »Wir sind so spät dran, weil wir beschlossen haben, als was wir auf der Feier auftreten wollen. Zusammen. Wir machen etwas auf Rollschuhen. Zusammen. Wenn wir dürfen?«

Allis spürte Sigges erstaunten Blick in ihrem Rücken. Die Lehrerin schien auch verblüfft, sie lächelte jedoch, und zwar über das ganze Gesicht.

»Natürlich geht das. Das ist ja eine prima Idee. Habt ihr gehört? Allis und Sigge auf Rollschuhen. Könnt ihr irgendwo üben?«

Allis antwortete rasch: »Wir haben einen riesigen leeren Platz. Auf einem Dachboden...«

Endlich schnackelte es bei Sigge. Er war richtig aufgeregt.

»Ja! Darum – ich mein, darum haben wir wirklich einen Dachboden zum Üben.«

»Sonst könnt ihr in die Turnhalle gehen«, sagte die Lehrerin.

»Nein! Es muß ein Dachboden sein«, protestierte Sigge. Und Allis ergänzte: »Genau. Ein großer Platz, der immer leer ist. Wir müssen nämlich sehr viel üben.«

»Ach so, na dann«, sagte die Lehrerin. »Das klingt ja wirklich gut. Und eure Mütter sorgen für die Kostüme.«

Im selben Augenblick, als sie es ausgesprochen hatte, wurde ihr klar, wie dumm das war. Die beiden hatten ja keine Mütter. Jedenfalls kannte sie keine. Allis' Mama arbeitete auf einem Schiff, und Sigges Mama – die schien es gar nicht zu geben. Zum ersten Mal, seit Sigge und Allis in die Klasse gekommen waren, fing sie an zu begreifen, was sie bei diesen beiden Zugvögeln zur Weißglut bringen konnte. Es war dieses Gefühl, daß sie so allein waren... Solche Gefühle können einen reizen, statt freundlich zu stimmen. In jeder Lehrerin sitzt ein kleines Schulmädchen und in jedem Lehrer ein kleiner Junge. Und das kleine Mädchen und der kleine Junge haben sich vor langer Zeit auch allein und verlassen gefühlt. Daran will man nicht gern erinnert werden.

»Mit den Kleidern für den Auftritt braucht ihr es nicht so genau zu nehmen«, sagte sie, um ihnen zu zeigen, daß sie anfing zu kapieren. Aber weder Sigge noch Allis hörten, was sie sagte. Sie saßen auf ihren Plätzen, steckten die

Köpfe zusammen und flüsterten, ohne daß jemand etwas verstehen konnte.

★ ★ ★

Nachmittags gingen Allis und Sigge Seite an Seite nach Hause. Sigges gelbe Schuhe schlappten.

»Meine Großmutter schickt mir neue«, erklärte er. »Die können kommen jeden Tag.«

Allis sah Sigge an. »Hast du eine richtige Großmutter?«

»Ja. Zu Hause in Polen. Papa schickt Geld, sie schickt Sachen. Ist da billiger. Weißt du – jeden Tag, wenn sie aufwacht, betet sie zu Gott, er soll mir einen Engel schicken. Der soll neben mir gehen und meine Hand halten. So ist meine Großmutter.«

»Glaubst du an Gott und Engel und so was?«

»Schon. Du nicht?«

Sigge war stehengeblieben. Er sah Allis gerade in die Augen. Seine Augen waren übrigens sehr schön. Das war ihr noch nie aufgefallen. Allis zögerte.

»Vielleicht, sehr vielleicht. Ich hab noch nie welche gesehen. Aber ich glaub fast, ich hab sie gehört. Am liebsten hör ich Engel.«

Sigge machte sich nicht über sie lustig. Grinste nicht, was sie befürchtet hatte. Ernst antwortete er:

»Gott kann man nicht sehen. Oder die Engel. Denk nach. Kann man Gott sehen, kommen alle Menschen gelaufen. Das gibt ein Geschrei. Lieber, lieber Gott, gib mir mehr Geld!«

»Ja, diese Sache mit dem Geld«, sagte Allis seufzend. Sie

gingen eine Weile, ohne etwas zu sagen. Sie gingen immer noch dicht nebeneinander. Plötzlich sagte Sigge:
»Vielleicht bist du mein Engel. Du gehst ja schon neben mir.«
Er lächelte ein kleines, sehr geheimes, einsames Lächeln. Allis holte ihn in die Wirklichkeit zurück.
»Engel sollen einen doch bei der Hand nehmen. Das tu ich nicht. Nie im Leben tu ich das!«
Dann lief sie davon, und wenn Sigge seinen Engel einholen wollte, dann mußte er sich beeilen.

Siebtes Kapitel

Ein Augenblick der Wahrheit

Es war ein komisches Gefühl, unter dem Baugerüst hinter dem Segeltuch zu stehen. Wie in einer anderen Welt. Allis sah die Füße der Männer von unten, wie sie auf den ziemlich schmalen Brettern herumbalancierten. Auch Sigges Füße. Er war gerade dabei, die zusammengebundenen Rollschuhe um den Hals gehängt, zu seinem Papa hinaufzuklettern, um zu fragen, ob sie das Kofferradio ausleihen könnten, das den ganzen Tag auf dem Baugerüst spielte. Sigge rief etwas auf polnisch und bekam Antwort in derselben fremden Sprache. Dann rief er Allis die Übersetzung zu:

»Sigge sagt: Papa, dürfen wir das Radio leihen? Schlecht gelaunter Papa sagt: Nein, mein lieber Sohn. Da müßt ihr Leszek fragen.«

Sigge rief dem Mann, der Leszek sein mußte, etwas zu, und der antwortete schnell. Sigge übersetzte:

»Der liebe Sigge fragte seinen guten Freund Herrn Leszek, ob er sein Radio leihen darf. Aber der Herr antwortete: Was wollt ihr damit?«

Allis rief: »Wir pfeifen auf ihr Radio, Sigge. Wir nehmen meins. Ich hab ein eigenes.«

Sie hörte, wie Sigge das ins Polnische übersetzte und wie die Männer an verschiedenen Stellen des Baugerüsts zu lachen anfingen. Ihr Lachen klang wie das Krächzen alter Krähen. Und Sigge rief:

»Ich sagte: Wir scheißen auf ihr Scheißradio. Aber wir wollen ihre Kassette haben. Loco in Acapulco.«

Leszek blinzelte ihm zu, nahm die Kassette heraus und warf sie hinunter. Sigge fing sie geschickt mit einer Hand.

»Spitze!« Herr Leszek machte ein Zeichen mit dem Daumen und guckte Allis an. »Spitze!«

»Wieviel ihr zu essen habt!«

Sigge saß an Großmutters Küchentisch und trank warmen Kakao mit Sahne. Großmutters Wohlwollen kannte keine Grenzen, wo Allis nun endlich einen Freund gefunden hatte. Sie spielte sich vor Sigge auf, daß Allis es schon fast eklig fand. Großmutter sollte nur wissen, daß dieser feine Freund dem Kamelsattel und dem gläsernen Fuchs Beine gemacht hatte... Ein Glück, daß sie es nicht wußte. Allis sah, wie Sigge sich ein Butterbrot in die Tasche steckte. Für den Vogel. Sie machte es ihm nach. Und Großmutter plapperte: »Ich bin nämlich Festessenköchin, weißt du, Sigge.«

»Meine Großmutter ist Näherin«, sagte Sigge unerwartet.

»Glücklich ist, wer nähen kann«, sagte Großmutter seufzend. »Wenn ich mal zu nähen versuche, sieht es aus, als wär ein Elefant über den Stoff gelaufen. Oder besser noch, als ob er gesprungen wäre.«

Sigge nickte. Er schien Großmutter zu mögen. Irgendwie waren sie aus demselben Holz. Eher wild als zahm. Sehr ähnlich... Außer in einem wichtigen Punkt. Großmutter würde niemals auch nur eine Stecknadel stehlen. Es gab ein altes Sprichwort, das sie oft wiederholte: »Mit einer Stecknadel fängt es an und endet mit einer Silberschüssel.«

Möchte mal wissen, wo es endet, wenn es mit einem Kamelsattel anfängt, dachte Allis.

»Nimm noch ein Butterbrot, Sigge«, sagte Großmutter. »Das ist gesund, denk dran, daß du wächst!«

Und Sigge ließ es sich schmecken.

»Jetzt sollten wir aber zum Üben auf den Dachboden gehen. Wir kriegen doch einen eigenen Schlüssel, Großmutter?«

Großmutter schien keine Sekunde zu zögern.

»Klar kriegt ihr einen. Aber paßt auf ihn auf. Vergiß nicht, was für ein Theater das war mit all den neuen Schlössern.«

Sigge nickte. Doch, er würde auf den Schlüssel aufpassen.

Großmutter schien Sigge genauso zu mögen wie er sie. Sie waren wie alte Freunde, und Großmutter fing an, von all dem Verrückten zu erzählen, was in der letzten Zeit im Haus passiert war.

»Kannst du dir das vorstellen? Ein Fuchs aus Glas kriegt Beine. Das ist vielleicht nicht ganz so komisch, aber ein

Kamelsattel und eine Decke? Wer zum Teufel kann Freude an einem Kamelsattel haben?«

»Der, der ein Kamel hat«, sagte Sigge.

»Diese Gräfin, Sigge, die hat so viele Sachen, und die bewacht sie wie ein Habicht. Sonst kann sie sich an nichts erinnern, aber wenn es um ihre Sachen geht – sie erinnert sich an das kleinste Ding.«

»Aber manche Sachen schmeißt sie auch in unsere Tonne, aber immer nur ein Teil von zwei. Nicht alles. Mehr so was Halbes.«

Sigge klopfte sich an die Stirn, um zu zeigen, wie verrückt das war. Großmutter zuckte mit den Schultern.

»Ja, davon weiß ich nichts. Aber wer viel hat, der will noch mehr haben. Die Gräfin braucht kein Kamel zu besitzen, um einen Kamelsattel zu haben. Ihr seliger Gatte ist um die Welt gereist und hat alles an sich gerafft, was ihm unter die Finger kam. Ausgestopfte Straußenvögel. Schnecken und Schmetterlinge. Gut und Gold!«

Jetzt war Großmutter richtig in Fahrt. Allis versuchte sie zu unterbrechen. »Großvater sagt, hinter jeder Wohlhabenheit steckt ein großes Verbrechen...«

Sie wußte, daß Großmutter nicht gern daran erinnert wurde. Großmutter gefiel es nicht, daß Großvater so dachte. Deshalb sagte sie: »Jajaja, Großvater redet viel. Er behauptet ja auch, daß es kleine blaue Pferde gibt.«

»Gibt es auch«, sagte Allis, und dann nahm sie Sigge mit auf den Dachboden, bevor er sich in eine noch kompliziertere Diskussion über Sachen, die im Haus verschwanden, verwickeln lassen konnte.

★ ★ ★

»Deine Großmutter ist irgendwie nett.«

Jetzt waren sie auf dem Trockenboden, wo noch einige von Großmutters weißen Laken hingen. Das machte den Raum ein wenig geheimnisvoll. Jedesmal, wenn sie auf ihren Rollschuhen daran vorbeiflitzten, bewegten sich die Laken. Es war, als ob sich eine weiße Welle durch den Trockenboden bewege.

»Großmutter ist nett«, sagte Allis, »und auch nicht nett. Beides. Sie kann unheimlich wütend werden. Wenn sie wüßte, daß du die Sachen genommen hast – sie würde...«

Mehr konnte Allis nicht sagen, da schlug die Lifttür dumpf zu. Dann hörten sie das Gewinsel der Hunde und Großmutters leises Schimpfen. Die Tür zum Trockenboden wurde geöffnet.

»Ich wollte nur mal sehen, wie es geht?«

Allis hielt den Atem an. Die Luke zu dem oberen Dachboden stand offen. Dort saß der Vogel, dort waren alle Sachen, die Sigge gestohlen hatte...

»Prima«, sagte Sigge und wankte unsicher zwischen den Laken davon. Allis rollte ihm nach.

»Aber du darfst nicht gucken. Es ist ein Geheimnis. Erst auf der Weihnachtsfeier darfst du es sehen. Geh jetzt. Es ist geheim!«

»Ach, entschuldigt«, sagte Großmutter etwas beleidigt. »Dann gehen wir wieder. Paßt auf die Wäsche auf.«

Sie verschwand mit säuerlicher Miene, und Allis und Sigge

hielten den Atem an, bis sie den Lift wieder nach unten fahren hörten.

★ ★ ★

Als Allis endlich in die Wohnung kam, geriet sie mitten ins Universum, das in der Stube der Großeltern surrte.

»Kommst du endlich? Wir wollten schon eine Suchmeldung aufgeben«, sagte Großvater.

»Dieser Sigge ist doch wirklich nett.« Großmutter schien sich in Gedanken immer noch mit Sigge zu beschäftigen.

Allis schaffte es nicht, auf die Frage zu antworten, denn in dem Augenblick, als sie sich in einen Sessel plumpsen ließ, wurde im Radio ein Gruß von der schwedischen Handelsmarine übermittelt:

»Die ganze Besatzung von Motorschiff LOTOS möchte ihre Familien grüßen. Man ist mitten auf dem Atlantik, aber die Gedanken sind zu Hause bei euch. Und wir haben auch ein Küßchen zu übermitteln – nein, Mädchen, nicht von einem der Jungs – sondern von Mama und Papa an Allis, was steht da – Allis mit is!«

Großvater riß die Arme hoch, und Allis platzte heraus:

»Ich hatte fast vergessen, daß es sie gibt.«

Grimmiges Sturmgeklingel an der Wohnungstür verhinderte weitere Überlegungen. Da niemand schnell genug öffnen kam, wurde die Tür von außen aufgerissen, denn sie war nur nachts abgeschlossen. Die Tür flog auf, und in die Diele kam, ohne zu zögern, Sigge geschossen.

»Allis! Allis!« rief er. Daß etwas passiert war, das ihn erschreckt hatte, war allen klar. Aber was?

141

Die Hunde sprangen erregt auf und liefen Sigge entgegen. Aber er kümmerte sich nicht weiter um sie, er rief nur nach Allis:

»Er ist so komisch! Er ist so komisch, Allis!«

Die Großeltern stürzten in die Diele, und Großmutter scheuchte die Hunde zur Seite.

»Wer ist komisch?« fragte sie besorgt.

Allis guckte Sigge an. Sein Gesicht war ganz naß. Über seine Wangen mußte ein ganzer Regenschauer Tränen gelaufen sein.

»Wir müssen es sagen, Sigge«, sagte Allis.

»Was sagen?« Großmutters Stimme klang scharf. »Was habt ihr für komische Geheimnisse?«

»Du mußt kommen, Allis«, flüsterte Sigge.

Allis holte tief Luft und sagte: »Wir haben einen Vogel auf dem oberen Dachboden. Einen verletzten Vogel.«

Allis sah, wie Sigge blaß wurde. Und hörte Großmutter:

»Jisses! Warum habt ihr das nicht längst gesagt? Ich hab schon gedacht, wir hätten da oben einen richtigen Dachschaden.«

Großvater schüttelte nur den Kopf, aber er marschierte voran, als alle – nur die Hunde nicht, die ausnahmsweise zu Hause bleiben mußten – den Lift nach oben nahmen.

Das muß so ein Augenblick der Wahrheit sein, dachte Allis. Wenn man überhaupt nichts mehr ändern kann.

Aber was passiert dann?

Zum Glück stieg nicht Großvater als erster die Leiter zum oberen Dachboden hinauf. Großmutter war es, sie verschwand da oben in der Dunkelheit, und es war nicht zu überhören, wie sie das eine oder andere kommentierte, was sie dort fand. Den Vogel fand sie auch, und sie versuchte offenbar herauszubekommen, was ihm fehlte. Großvater wollte sich gerade durch die Luke ziehen, als er merkte, daß er mit dem Bauch steckenblieb. Er steckte so fest wie ein Korken in der Flasche und knurrte:

»Das ist die Wampe, ich glaub, die hat zugenommen. Kann mal jemand ziehen, nach oben oder nach unten?«

Allis und Sigge packten jeder ein Bein, und Sigge rief:

»Halt dich fest, Großvater, damit du nicht runterfällst.«

Es klang sehr merkwürdig, als Sigge Allis' Großvater Großvater nannte.

»Großvater für mich, Großvater für dich«, flüsterte Allis, und dann hängten sie sich jeder an ein Bein, bis Großvater frei war und ihnen zurief, sie sollten ihn loslassen, damit er herunterklettern konnte. Sobald die Leiter frei war, kletterte Sigge hinauf, und Allis folgte ihm. Großvater mußte sich damit begnügen, auf der Leiter zu stehen und den Kopf durch die Luke zu stecken.

»Ach, dieser kleine Vogel ist also mit dem Kamelsattel davongeflogen«, sagte Großmutter mit kühler, schroffer Stimme, sobald sie Sigge und Allis entdeckte. »Die Sachen haben also Flügel und keine Beine bekommen.«

»Der Vogel«, flüsterte Sigge, aber Großmutter wedelte abwehrend mit der Hand.

»Also wirklich, man kann doch nicht ein ganzes Butterbrot in so einen kleinen Schnabel stopfen. Das arme Wesen war ja kurz vorm Ersticken. Aber jetzt ist alles wieder gut. Allerdings, wenn man sich hier so umguckt, dann ist gar nichts gut...«

»Es ist nur so, daß Sigge manchmal Sachen mitnimmt«, erklärte Allis, »nicht, weil er direkt dumm ist, sondern weil – ja...«

»Vielleicht aus reiner Gewohnheit?« unterbrach Großmutter.

Sigge guckte sie an. Dann den Vogel und wieder Großmutter.

»Ich hab doch fast nichts genommen«, sagte er keck. »Da gab's doch massenhaft Sachen, aber ich hab bloß genommen, was ich brauchte. Damit es hier oben nicht so schrecklich ist.«

»Das nennt ihr also üben? Für die Weihnachtsfeier?«

»Aber die Lehrerin wollte den Vogel totschlagen oder besser, es von ein paar dummen Polizisten machen lassen«, sagte Allis.

Das brachte Großmutter für einen Augenblick aus dem Konzept. Statt dessen fing Großvater in seinem Loch an zu reden:

»Das ist eine Dohle, nicht? Sie läßt den einen Flügel hängen. Wahrscheinlich gebrochen. Aber was für ein Glück, daß sie lebt. Kamelsättel – das sind doch nur irdische Dinge. Und ein gläserner Fuchs, den man sich zur Zierde hinstellt – ist doch Mumpitz!«

Großmutter kam wieder in Fahrt. »Dann frag mal den Oberst. Frag die Gräfin, bitte sehr!«

»Der Vogel ist wichtig, da gibst du mir ja wohl recht«, sagte Großvater, und Großmutter sah ganz so aus, als ob sie das tat. »Wollen wir nicht mit Jompa reden«, schlug Großvater vor. »Vielleicht kriegt er das wieder hin?«

Sigge guckte Allis an.

»Der soll wieder fliegen können. Das haben wir bestimmt«, sagte er.

Allis nickte. Jetzt hieß es also wir, nicht du und ich. Wir!

Eine Weile war es still, bis Großvater sagte:

»Also, hör mal, Sigge, irgendwann, irgendwo – ich weiß ja nicht, wie es dir bisher in deinem Leben ergangen ist – aber irgendwann hätte dir jemand sagen sollen, was mein ist und was dein ist. Und wenn das bisher keiner getan hat, dann tu ich das jetzt. Was dein ist, ist deins, und was mein ist, ist meins, und das merkst du dir jetzt, zum Donnerwetter noch mal. Und wenn nicht, reiß ich dir die Ohren ab!«

»Aber wenn es der Gräfin gehört? Oder diesem alten Oberst?«

Sigges Stimme klang richtig traurig. Dazu hatte er auch allen Grund. Großvater warf ihm einen strengen Blick zu. So einen hatte Allis noch nie in seinen Augen gesehen. Dann sagte er:

»Wenn ihnen die Sachen gehören, gibst du sie ihnen zurück. Basta und Amen!«

Großvater lachte ein bißchen, so, als ob er selbst fände, daß er ein wenig albern war, wo er doch eigentlich streng sein müßte. Aber Sigge sah ihn ganz ernst an, und sie nickten einander zu; Großvater schien eine Wellenlänge entdeckt zu haben, auf der er Sigge erreichen konnte.

Als der Abend endlich Nacht und es still im Haus geworden war, schrieb Allis in ihr Nachtbuch:

Jompa ist gekommen. Großvater hat ihn angerufen, und da ist er sofort gekommen. Er hat sich den Vogel angeguckt. Ihn untersucht. Sagte, kaum zu glauben, aber der Flügel ist dabei zu heilen. Heilt wie verrückt, hat Jompa gesagt. Im Frühling kann er wieder fliegen. Er hat Vogelfutter mitgebracht. Im Frühling wird er also wieder fliegen, aber eigentlich wünschte ich, er würde nie mehr wegfliegen.

Der Dezember kam, und die Tage waren kurz wie ein Augenblick. Man erwachte im Dunkeln und ging durch diesige Morgendunkelheit die Allee der Seufzer hinauf zur Schule.

Eines Morgens, als Allis wie immer dem Plastikstorch einen Schubs versetzen wollte, bevor sie zur Schule lief, waren alle Polen auf der Straße und richteten einen kleinen Tannenbaum vorm Bauwagen auf. In einer Tonne schwelte es. Zwei Männer wärmten sich die Hände über der Glut. Allis vergaß, den Storch zu schubsen, und blieb neben der Tonne stehen. Die Männer hatten einige schöne weiße Engel an die Zweige gehängt und die Tannenbaumbeleuchtung angebracht. Sie lächelten Allis zu, und ihr Lächeln schien von weit her zu kommen. Jedesmal, wenn Allis diese Männer sah, bekam sie das Gefühl, daß Leben auch anders sein könnte als das, was sie kannte. Sie wußte ja schon, daß das Leben mit den Eltern sich ganz anders anfühlte, es roch sogar anders, als das Leben mit den Großeltern.

Sigge kam aus dem Bauwagen und riß Allis aus ihren Gedanken. Er trug eine dicke schwarze Jacke, die seine Großmutter ihm gestrickt hatte. An den Füßen ein Paar schwere Gehschuhe. Mit Schnürsenkeln. Nicht besonders hübsch... Aber warm, sagte Sigge. Ihm schien es ziemlich egal zu sein, was er trug.

Sie trafen sich jetzt jeden Tag. Sobald sie aus der Schule kamen, gingen sie zu Allis' Großmutter, aßen Butterbrote und tranken warmen Kakao. Dann liefen sie die Treppen zum Dachboden hinauf. Zum Vogel und dem Rollschuhtanz, den sie jeden Tag trainierten, seitdem sie beschlossen hatten, auf der Weihnachtsfeier aufzutreten.

Sigge warf Allis einen hastigen Blick zu, ein »Guten Morgen« in einem Augenwinkel, bevor er dem Storch einen Schubs versetzte, und da! Der Tannenbaum leuchtete. Die Männer rundherum lachten glücklich. Es funktionierte!

»Sie wollten dich überraschen«, erklärte Sigge, als sie über den Schulhof liefen. »Wenn du angelaufen kommst und den Storch anstößt, sollte es – peng – anfangen zu leuchten!«

Allis nickte. Das hatte sie schon begriffen.

Heute war der Baum auf dem Schulhof mit Girlanden von leuchtenden kleinen Glühbirnen geschmückt. Sie blieben stehen und betrachteten ihn.

»Da hast du am ersten Tag gesessen«, sagte Sigge.

»Und du bist in deinen gelben Sprinterschuhen vorbeigerannt«, sagte Allis.

Sigge guckte auf seine neuen Winterschuhe. »Findest du sie schön?«

Allis zuckte ein bißchen mit den Schultern.

»Ja, irgendwie schön. Sie passen zusammen. Zu dir.«

»Von Großmutter«, sagte Sigge ein bißchen stolz.

Tina kam über den Schulhof gelaufen.

»Beeilt euch. Wir wollen doch noch mal die Weihnachtsfeier besprechen.«

»Beeil dich selbst, du!« rief Sigge. Aber er und Allis liefen schnell hinter Tina her. Es wäre doch schade, wenn die Lehrerin so kurz vor Weihnachten ausrasten würde...

Heute war die ganze Klasse weihnachtlich geschmückt. Sie hatten Tannenbäume aus Papier geschnitten, Sterne gefaltet, Steinwichtel zusammengeklebt und über das Thema »Frieden« gesprochen. Der Hausmeister war in die Klasse gekommen mit einer, die Fatima hieß. Die hatten sie noch nie gesehen, aber sie wußte eine Menge über Frieden und Tauben, und der Hausmeister war wohl nur dabei, um aufzupassen, daß es keinen Krieg gab in der Klasse, wo sie doch etwas über Frieden bei Fatima lernen sollten. Sigge war der Meinung, daß sie ausgerechnet jetzt das Thema Frieden hatten, damit sie in Stimmung kamen.

Ihn schien Weihnachten nicht besonders zu beeindrucken. Im Gegenteil – jedesmal, wenn er schnippeln oder kleben sollte, stöhnte er ein bißchen.

Heute sollten alle Gruppen, die auf der Weihnachtsfeier etwas vorführen wollten, der Lehrerin zeigen, wie sie sich das ungefähr dachten.

»Wollen wir mit den Engeln anfangen?« sagte die Lehrerin, und die ganze Klasse fand, das sei eine glänzende Idee, nur die Engel nicht.

Sie wußten aber genau, wie ihr Auftritt ablaufen sollte. Sie würden mit den Flügeln flattern, und alle würden gewellte Haare haben.

Mit den Feuerwehrmännern war es schon schwieriger.

»Ihr dürft aber kein richtiges Feuer machen«, schärfte die Lehrerin ihnen ein. »Nur mit Zündis.«

Jetzt wurde Morgan sauer. »Nur mit Zündis – dann brauchen wir doch gar keine Feuerwehrmänner zu sein, wenn es nicht richtig brennt!«

Aber die Lehrerin sagte energisch nein.

Morgan kriegte schmale Augen. »Mein Papa kann helfen. Er mag auch Feuer.«

Es blieb jedoch dabei: kein Feuer. Statt dessen sollten sie ein schönes Lied singen, sagte die Lehrerin. Allis sah, wie Sigge heimlich lächelte.

»Allis und Sigge sind die dritte Nummer. Ich weiß ja nicht recht, was eure Nummer sein soll«, sagte die Lehrerin und sah die beiden fragend an.

»Loco in Acapulco«, antwortete Sigge. »So heißt sie. Unsere Nummer.«

»Aber was bedeutet das? Ich meine…«

»Das heißt, man wird verrückt in Acapulco«, sagte Allis.

Die Lehrerin zog die Augenbrauen hoch. »Aber was genau macht ihr?«

»Das sehen Sie morgen«, sagte Sigge. »Mehr können wir nicht sagen. Aber wir haben geübt. Geübt und geübt und geübt.«

»Man soll die Überei auch nicht übertreiben. Da gibt es anderes, was du üben müßtest, Sigge. Lesen und schreiben zum Beispiel.« Die Lehrerin konnte es einfach nicht lassen, auf Sigge herumzuhacken.

Jetzt war Morgan an der Reihe zu grinsen. Aber Sigge hatte plötzlich die Nase voll davon, immer der zu sein, auf dem alle rumhackten. Laut, damit es auch alle hörten, sagte er:

»Ich denk, wir reden von der Weihnachtsfeier?«

Die Lehrerin nahm einen Schluck aus ihrem Wasserglas. Tat so, als ob sie nichts gehört hätte.

»Ihr seid also Nummer drei mit ich weiß nicht was... Sollen dann die Zigeuner kommen?«

In der Klasse wurde es unangenehm still. Sigge stand auf und sah der Lehrerin geradewegs in die Augen.

»Müssen Sie immer so zu mir sein? Zuerst sagen Sie, man soll üben, und wenn ich sage, daß ich übe, sagen Sie, ich soll lieber was anderes üben! Und dann reden Sie über ganz was anderes. Sie mögen mich nicht. Daran liegt es. Sie mögen mich nicht!«

Die Lehrerin suchte nach einer Antwort.

»Ich hab all meine Schüler gleich gern. Das ist die Pflicht eines Lehrers – alle Kinder gleich gern zu haben.«

Sigge schüttelte langsam den Kopf. Allis sah, wie ihm das

Haar über die Augen fiel. Und das war ein Glück, denn wahrscheinlich sah nur Allis, daß Sigge Tränen in den Augen hatte.

Mit heiserer Stimme sagte er: »Das stimmt nicht. Manche mögen Sie, manche mögen Sie nicht. Aber deswegen brauchen Sie nicht so fies zu sein.«

Jetzt bekam die Lehrerin blanke Augen. Noch einmal war der Augenblick der Wahrheit gekommen. Wenn man nicht mehr lügen kann. Das schien auch die Lehrerin zu begreifen. Und jetzt sagte sie die Wahrheit: »Es ist nur so, Sigge, daß du mich wahnsinnig damit machst, wenn du nie das lernst, was du lernen sollst. Ich weiß nicht, was ich mit dir machen soll. Du bist in fünf verschiedene Schulen gegangen und mit deinem Papa herumgezogen, und ich hab so ein Gefühl... Ich weiß nicht...«

Die Klasse wartete auf die Fortsetzung. Nicht einmal Morgan grinste mehr. Jetzt war es die Lehrerin, die Sigge gerade in die Augen sah.

»Aber wenn ich fies zu dir gewesen bin, Sigge, dann bitte ich dich um Entschuldigung. Ehrlich. Entschuldige.«

Sigge nickte. Es war dieses ernste Nicken, wie er auch Großvater zugenickt hatte. Er sah schüchtern aus, wenn er so nickte.

»Das ist okay«, sagte er mit leiser Stimme. »Sigge für mich, Sigge für Sie, falls Sie verstehen, wie ich das meine.«

Die Lehrerin nickte. Fast die ganze Klasse nickte. Sogar Morgan hätte fast genickt, aber in letzter Sekunde konnte er es zurückhalten.

Achtes Kapitel

Sehnsucht nach einem, den es gibt

Heute sind wir zusammen von der Schule nach Hause ge-
gangen, Sigge und ich. Er wollte mir etwas zeigen. Auf den
Straßen waren viele Leute unterwegs. Sie trugen Pakete
und Tüten. Dauernd wurde man angerempelt. Alle hatten
es eilig. Plötzlich kriegten Sigge und ich jeder einen Schubs,
so daß wir zusammenstießen. Sigge war erschrocken und
berührte meine Wange. Er wollte wissen, ob ich mir weh
getan hatte. Dann redeten wir von seiner Großmutter. Und
die ganze Zeit mußte ich daran denken – wie weich seine
Hand gewesen war. Ich weiß nicht, warum, aber ich er-
zählte ihm, daß Ann nach Vanille gerochen hat. Sigge
sagte, er hätte noch nie einen besten Freund gehabt. Wenn
er einen hätte, würde er seine Hand halten. Da steckte ich
beide Hände in die Taschen. Das tat er auch. Im Bauwagen
zeigte er mir ein Paket, das in braunes Packpapier gewik-
kelt und verschnürt war. Wir saßen auf einer Matratze auf
dem Fußboden. Im Wagen roch es nach Gewürzen. Zwei
Männer saßen am Tisch und spielten Karten. Sigge drehte
ihnen den Rücken zu. Er wollte, daß es geheim blieb. Es
war ein Kleid! Eigentlich ein Rock und eine Weste, aber

wenn man es anhat, sieht es aus wie ein Kleid. Mit Blumen bestickt und Goldtroddeln. Seine Großmutter hat es für mich gemacht. Du bist ja verrückt, sagte ich. Wie kann deine Großmutter wissen, wie ich aussehe? Er erzählte mir, daß er es aufgezeichnet und geschrieben hat. Ich dachte daran, wie er den Vogel in der Schule gezeichnet hat. Er zeichnet nur das, was er mag. Dann kamen die Männer und guckten doch. Wie schön der Rock schwingen wird! Sigge hat es mir übersetzt. Dann mußte er weg. Er hatte jemandem etwas versprochen. Das war noch viel geheimer als das Geschenk. Ich mußte mich um den Vogel kümmern. Sigge haute einfach ab. Es ist eine Abmachung, sagte er.

Großvater lag unter dem neuen Sportwagen des Professors und schraubte an irgendwas herum, als Sigge in die Garage kam.

»Hallo?«

»Nimm dir eine Mütze und ein Brett und komm her!«

Großvaters Stimme klang, als käme sie aus dem Blechgehäuse des Autos, denn er lag darunter und arbeitete. Sigge sah sich um. Eine Mütze? Damit war wohl so eine Schirmmütze gemeint mit Shell-Muscheln drauf. An einem Haken an der Wand hingen mehrere, neben einer Tafel mit massenhaft Werkzeug. Unter jedem Werkzeug war ein schwarzer Schatten aufgemalt, so daß es aussah, als ob auch das Werkzeug da hinge, das weg war.

»Kannst du mir mal einen Schraubenschlüssel geben«,

sagte Großvater, und Sigge musterte ratlos die Werkzeug-
tafel. Er nahm auf gut Glück eine Zange. Reichte sie unters
Auto und bekam sie sofort zurück.

»Falsch. Das Ding, das man verstellen kann, Sigge, das mit
der Schraube.«

Jetzt verstand Sigge. Er hängte die Zange an ihren Platz
zurück und nahm einen Schraubenschlüssel herunter.
Dann entdeckte er ein Brett, an dem kleine Räder waren,
und nahm an, daß Allis' Großvater dieses Brett gemeint
hatte. Er legte sich rückwärts darauf und stieß sich mit den
Füßen ab. Und so rollte er unter das Auto, direkt neben
Großvater.

»Gut! Du hast jedenfalls keine zwei linken Hände«, lobte
der Großvater ihn. »Du weißt, was es für mich bedeuten
würde, wenn der Schraubenschlüssel weg wäre. Und wer
weiß, was dem Oberst ein gläserner Fuchs bedeutet? Vielleicht hat er ihn von einem sehr geliebten Menschen bekommen?«

»Dann hat er aber viele geliebte Menschen gehabt«, stellte
Sigge fest, und Großvater grunzte, weil er ein Lachen unterdrücken mußte.

»Na, dann rollen wir mal los«, sagte er, als er mit dem
Auto fertig war. Und losrollen hieß in diesem Fall, daß sie
auf den Trockenboden hinaufgingen und all die schönen
Sachen einsammelten – vor den Augen einer sehr verwun-
derten Allis, die dem Vogel Sprechen beizubringen ver-
suchte, aber daran schien er keinerlei Interesse zu haben.
Sie trugen alles die Leiter hinunter, den Kamelsattel, die
Decke und den kleinen Fuchs, stellten die Sachen in den

Lift und fuhren den umgekehrten Weg, den alles gekommen war. Bei der Gräfin fingen sie an.

Sie klingelten an der Tür. Sigge hatte große Lust wegzulaufen. So etwas Peinliches wie das hier hatte er noch nie erlebt. Großvater legte ihm die Hand auf die Schulter. Eine Hand, die ihn festnagelte. Aber eine Hand, die ihn auch gleichzeitig schützte. Und dann wurde die Tür einen Spaltbreit geöffnet, und ein rosinenrunzliges Gesicht lugte heraus.

»Wer ist da?«

»Es sind bloß Petterson und Kompagnon«, antwortete Großvater.

Die Gräfin rasselte mit der Sicherheitskette, und dann öffnete sie die Tür weit.

»Kompagnon? Hat das was mit Kompanie zu tun? Handelt es sich um einen Sondereinsatz?« Ihre Stimme zitterte. Mehr für sich selbst fügte sie hinzu: »Mir fehlt irgendwie der Durchblick.«

»Ich glaube, der Gräfin fehlen auch ein paar Sachen, oder?« sagte Großvater und schob Sigge durch die Tür.

»Wirklich?«

Wie unnötig das Ganze, dachte Sigge, etwas an jemanden zurückzugeben, der endlich vergessen hat, daß ihm was fehlt! Wirklich unnötig. Aber die Gräfin sah ihn freundlich an und sagte:

»Ja, dann komm herein. Komm!«

»Jetzt mußt du es sagen«, sagte Großvater und sah Sigge mit diesem strengen Blick an, gegen den man sich nicht wehren konnte.

»Ja, also, das war so… Nein. Ich kann nicht«, sagte Sigge.

»Doch kannst du, weil du nämlich mußt«, sagte Großvater, und dann stand Sigge in der engen, merkwürdigen Diele der Gräfin. Von den Wänden starrten ihn die gläsernen Augen der abgehauenen Tierköpfe an. Und dann hörte er sich selbst erklären, wie er zufällig den Kamelsattel und die schöne Decke gesehen und wie er sich gedacht hatte, daß der Vogel sich freuen würde, wenn es ein bißchen behaglicher wurde auf dem Dachboden.

»Ich glaub, ich muß mich setzen«, sagte die Gräfin.

Großvater konnte ihr gerade noch den Kamelsattel unterschieben, denn sie ließ sich einfach dort nieder, wo sie es gewohnt war zu sitzen. Und Sigge begriff endlich, warum man nicht einfach anderer Leute Sachen wegnehmen kann. Sachen sind nicht nur Sachen, sie sind Gewohnheiten, Erinnerungen, Plätze, wo man sich niederläßt, Gedanken, die man denkt – sie gehören zu ihren Menschen, auch wenn andere die Sachen vielleicht albern finden.

Sigge breitete die Decke aus und legte sie der Gräfin um die Schultern. Sie sah aus wie eine kleine, verschlissene Puppe.

»Vielleicht hast du dir alles nur geliehen?« sagte sie.

»Nein«, antwortete Sigge aufrichtig. »Ich hab sie gestohlen.«

»Ja, was soll ich dazu sagen? Heutzutage hängt man deswegen wohl niemanden auf? Und das ist ja ein Glück.«

Das Schlimmste hatte er noch vor sich. Sigge hielt der Gräfin den einen Rollschuh hin, nicht der, den er in der Tonne gefunden hatte, sondern den aus der Diele der Gräfin.

»Und das hier.«

Die Gräfin sah erstaunt aus.

»Den anderen haben Sie ja in die Tonne geschmissen. Da hab ich gedacht...«

»Hab ich das wirklich getan? Eine merkwürdige Idee... Aber ich kann ja doch nicht mehr auf ihnen laufen, deswegen habe ich es wohl getan.«

»Könnte ich den hier nicht ausleihen? Nur für ein paar Tage?«

»Ach was, du kannst sie alle beide behalten. Was soll ich damit?« Die Gräfin breitete die Arme aus. »Was soll man mit all dem?«

Sigge trug den alten, abgenutzten Rollschuh auf dem Arm, fast genauso zärtlich, wie er immer den Vogel hielt. Was hätte Allis gesagt, wenn er sie plötzlich bei ihrem Auftritt im Stich hätte lassen müssen? Wo sie doch schon Kleider und alles hatten... Was hätte er für die Großmutter in Polen zeichnen können? Er schrieb keine Briefe. Er schickte ihr Zeichnungen.

»Sie, Gräfin, vielleicht wollen Sie auch zur Weihnachtsfeier in der Schule kommen? Dann können Sie sehen, was man alles auf Rollschuhen machen kann, wenn man geübt hat. Und geübt haben wir wie verrückt«, sprudelte Sigge heraus, in dem es jetzt vor Freude brodelte.

»Ja, vielen Dank.«

Als sie gerade gehen wollten, fiel der Gräfin das Fruchtgelee ein. Großvater hatte gehofft, daß sie diesmal nicht dran denken würde, denn das Fruchtgelee war schon aus der Zeit der Heiden, pflegte er zu sagen. Oder sie war eine

archäologische Entdeckung, die ihr Gatte, der Entdek-
kungsreisende, in einem fremden Land gemacht hatte.
Eine Entdeckung aus der Steinzeit!

»Ielen Ank«, versuchte Sigge zu sagen, nachdem die Gräfin ihm ein knallrotes steinhartes Stück Fruchtgelee aufge-
drängt hatte. Es schmeckte nach Urgestein…

»Was hat er gesagt?« fragte die Gräfin, und Großvater
antwortete: »Er hat vielen Dank auf polnisch gesagt.«

Als es endlich soweit war und die Weihnachtsfeier beginnen sollte, war die große Schulaula bis auf den letzten Platz
besetzt. Allis spähte durch den seitlichen Vorhang der
Bühne. Eine Gruppe Männer in gestreiften Anzügen hoben
sich von den anderen Gästen ab – das war Sigges Papa mit
seinen Freunden, die gekommen waren, um sich anzusehen, wie ein schwedisches Weihnachtsfest gefeiert wurde.
Sie hatten ihre Haare mit Wasser gekämmt und erregten
einiges Aufsehen. Sie waren auf irgendwie lustige Weise
feingemacht. Allis fand, sie sahen netter aus als die Eltern
und Großeltern der anderen. Die hatten alle so einen Ausdruck von Besonderheit im Gesicht, so, wie die Gräfin immer guckte, nur mit dem Unterschied, daß sie immer so
aussah, während die Leute in der Aula es nur bei dieser
besonderen Gelegenheit versuchten, und deshalb sahen sie
angestrengt aus, so, als müßten sie dringend zur Toilette.

Die Lehrerin hatte heute die Lippen geschminkt. Sie glänz-
ten rosa. Allis fand, das stand ihr. Die Lehrerin könnte

ruhig ein wenig öfter so rosaglänzend sein. Sie hatte auch ein neues Parfum. Sie verbreitete Festduft um sich, und auch das könnte sie eigentlich immer tun. Außerdem hatte sie sich eine rote Blume ins Haar gesteckt, und Allis glaubte langsam, daß die Lehrerin Feste und Weihnachten wirklich gern hatte. Plötzlich fand sie sich selber ungerecht, weil ihr das ganze Getue so auf den Geist gegangen war.

Jetzt hatten die Engel ihren Auftritt. Sie trippelten und versuchten gleichsam zu schweben, und das Publikum applaudierte wie verrückt. Die Lehrerin ging ans Mikrophon und sagte:

»Eins, zwei, drei – bin ich zu hören?«

Das Publikum schrie »Jaaa!«, und die Lehrerin sagte die Engel an. Die drehten noch eine Extrarunde auf der Bühne in ihren hübschen Engelkleidern. Dann war es vorbei. Das Publikum war bester Publikumslaune und applaudierte wild. Jetzt waren die Zigeuner an der Reihe. Ihre Nummer bestand darin zu zeigen, daß sie sich die Gesichter mit schwarzbrauner Creme eingeschmiert hatten, und Allis, die immer noch durch den Vorhang spähte, mußte schnell zu Sigges Papa und seinen Freunden gucken. Zwei von ihnen waren die Zigeunerbrüder Taikon. Braunschwarz waren sie nun wirklich nicht im Gesicht. Aber sie lachten sehr über den Auftritt.

Wahrscheinlich muß man Humor haben, wenn man es hier bei uns als Zigeuner aushalten will, dachte Allis.

Dann sagte die Lehrerin: »Die Feuerwehrleute – bitte sehr!« Sie machte eine reizende Geste mit dem Arm, und hereingestürmt kam die ganze Mannschaft, bis auf Morgan. Der stand hinterm Vorhang und maulte. Die ganze Aula konnte ihn knurren hören:

»Ich will nicht. Es macht keinen Spaß ohne richtiges Feuer.«

Die Lehrerin zischte ihm zu, er solle still sein, dann zündete sie eine Wunderkerze an und drückte sie ihm in die Hand. Und dann tat sie etwas, das Allis ihr nie zugetraut hätte! Er bekam einen kleinen Tritt in den Po, so daß er auf die Bühne hinausschoß und ihm nichts anderes übrigblieb, als sich zu den anderen zu stellen und mit ihnen das Lied zu singen, das zu ihrem Auftritt gehörte. Nachdem sie ein Stück gesungen hatten, war es Zeit für die Wasserpistolen. Alle Jungen zielten auf Morgans Wunderkerze, ein Chaos brach aus, bis das Publikum den Auftritt mit energischem, rhythmischem Klatschen beendete.

Die Lehrerin trat wieder vor, um den Tanz der beiden Zugvögel anzukündigen. Sie hatte alles auf einen Zettel geschrieben, um sich bloß nicht zu blamieren. Sie sagte:

»Und jetzt zu etwas ganz anderem…« Dann mußte sie sich räuspern, und das genügte schon, denn Tina kam sofort mit einem Glas Wasser angeflitzt. Die Lehrerin lächelte verlegen, aber dankbar. Nahm einen großen Schluck, klopfte mit dem Zeigefinger gegen das Mikrophon und fuhr fort:

»Es war übrigens nur Mineralwasser im Glas, falls sich jemand wundern sollte. Die Luft in der Schule ist so trokken. Sikorka und Allis mit is werden jetzt auf Rollschuhen tanzen. Allis ist übrigens nach einem berühmten Schriftsteller getauft, Allis Chalmer.«

Das Publikum sah ein wenig verwirrt aus. Aber es gibt so viele berühmte Schriftsteller, von denen man selber leider noch nie was gehört hat, so daß Allis Chalmer sogar ein Nobelpreisträger sein könnte.

Die Lehrerin faltete ihren Zettel zusammen und machte eine Handbewegung. »Ihre Nummer heißt Verrückt in Acapulco und ist ein streng gehütetes Geheimnis. Bis zur letzten Minute...«

Jetzt verstand Allis, warum sich die Lehrerin bei ihrer Ankündigung solche Mühe gemacht hatte. Sie wollte dem Publikum nur zu verstehen geben, daß sie für diesen Auftritt nicht verantwortlich war.

Allis lief los auf den Rollschuhen und sah sich nach Sigge um. Er war nicht da, weder hinter noch neben ihr. Sie rollte auf die Bühne hinaus und hoffte, daß er auftauchen würde. Aber kein Sigge. Nur ein dunkles Meer von Publikum und ein Gefühl, als ob die Knie unter ihr nachgeben würden. Die Bühnenbeleuchtung blendete sie. Sie konnte nicht ein einziges Gesicht da unten erkennen. Alle sahen sie. Sie sah niemanden. Jetzt war sie wirklich blind, obwohl ihre Augen weit offen waren. Aber kein Sigge. Allis rollte zum Mikrophon und sagte, um die Zeit zu überbrücken oder aus einem anderen Grund, den niemand kannte, nicht mal Allis selbst:

»Allis Chalmer ist kein Schriftsteller. Es ist ein gelber Bagger.«

Durch das Publikum ging ein leises Raunen. Einen Augenblick meinte Allis, die Leute wunderten sich über das, was sie gesagt hatte, aber als sie den Kopf drehte und Sigge hereinsegeln sah, wie einen richtigen Rollschuhkunstläufer, da merkte sie, wem das Raunen galt.

Sigge blieb erst vorm Mikrophon stehen und sagte mit sicherer Stimme: »Und mein Name, Sikorka, ist ein polnischer Name, und er bedeutet kleiner Vogel.«

Das Publikum applaudierte. Es war ein freundlicher, warmer Applaus. Jetzt fuhr Allis zum Kassettenradio, das im hinteren Teil der Bühne stand, und drückte auf »Play«, und sie wußte, daß Sigge gleich für einen Augenblick total verwirrt sein würde. Sie hatte nämlich die Musik ausgetauscht und statt dem verrückten Acapulco-Song etwas viel Schöneres eingelegt.

Sigge stand da wie vom Blitz getroffen, als er die ersten Töne eines Liedes hörte, das er nicht kannte. Er schluckte zweimal, dann rollte er zu Allis und stellte sich auf. Eine tiefe, weiche Frauenstimme sang:

»If you're down and troubled, and you need a helping hand…«

Einer von ihnen, hinterher konnten sie nicht sagen, wer es gewesen war, streckte endlich die Hand nach der Hand des anderen aus, und sie fuhren auf ihren Rollschuhen los. Plötzlich glitten sie über die Bühne, genau wie sie es geübt hatten, nur viel langsamer. Die rasanten, sportlichen Bewegungen verwandelten sich in Tanz, denn wenn zwei Menschen versuchen, eine gemeinsame Stimmung zu finden, wird Tanz daraus. Es war kein besonders reizender Auftritt und auch nicht besonders gekonnt, so daß die Zuschauer hinterher sagen könnten: »Himmel, was für Schritte, was für Sprünge! Was für Akrobaten!« Nein, als die Zuschauer nach Hause gingen, sagten sie: »Für einen Augenblick hatte ich Tränen in den Augen, weißt du, als dieser Junge und das Mädchen tanzten. Sie hatten solche Scheu, einander nahezukommen... Das war irgendwie etwas ganz Besonderes.«

Nach dem Fest gingen Sigge und Allis zusammen nach Hause. Bei Großmutter und Großvater sollte es einen Weihnachtsimbiß für das ganze Haus geben. Allis mußte helfen, und Sigge wollte natürlich den Vogel besuchen. Jetzt gingen sie die Allee der Seufzer entlang und waren plötzlich ganz schüchtern. Als es bergab ging, hatte Allis das Gefühl, sie werde fallen, dasselbe Gefühl hatte sie während des Tanzes gehabt. Daß sie plötzlich fallen würde. Aber dann hatte sie Sigges Hand in ihrer gespürt, und er hatte sie nicht losgelassen. Jetzt blieb er stehen. Betrachtete die kahlen Bäume, die die Kaufleute der Stadt mit glitzernder Weihnachtsbeleuchtung behängt hatten, um die Menschen in ihre Geschäfte zu locken. Doch in diesem Augenblick glitzerte es nur für sie.

Da sagte Sigge völlig unerwartet: »Wenn ich... wenn es also so ist, daß ich in den Weihnachtsferien mal einen Tag nicht nach dem Vogel sehen kann – dann mußt du Jompa anrufen. Er weiß alles über Vögel. Vergiß nicht. Du mußt nur Jompa anrufen.«

»Aber du verreist doch nicht?«

»Nein. Nur – wenn was ist. Man weiß nie, wie der Regen morgen schmeckt, sagt meine Großmutter immer.«

Das letzte Stück nach Hause schwiegen sie. Als sie das alte Haus erreichten, stieß Sigge die schwere Tür auf, stürmte die ersten Treppenstufen hinauf und rief über die Schulter:

»Ich geh jetzt zum Vogel. Der mag nicht allein sein. Du weißt... Leb wohl, Allis.«

Allis wollte flüstern: Was meinst du?

Aber die Hunde hatten sie schon gewittert und standen hinter der Wohnungstür und kläfften erwartungsvoll und glücklich. Großmutter öffnete und zog Allis in die Diele.

»Die Gäste können jede Sekunde kommen. Wir müssen...«

»...uns eilen, ich weiß«, sagte Allis und verdrängte für eine Weile alle Gedanken an Sigge.

Das ist Weihnachten, dachte Allis, der Duft von Hyazinthen, süß und würzig, gemischt mit der Wärme von brennenden Kerzen. Aber auch nicht direkt so, eher wie ein Gedanke, der vorbeiweht. Sie lauschte Ewerts Ziehharmonikaspiel, das heute auf Tango eingestellt war. Ewert behauptete tatsächlich, die Ziehharmonika bestimme selbst, was gespielt wurde. Er folge ihr nur. Seine schnellen Finger folgten den Melodien, die gespielt werden sollten. Die wenigen Quadratmeter des Wohnzimmers waren in eine Tanzfläche verwandelt worden. Allis sah den Professor mit Siri in den Armen vorbeigleiten. Siri verdrehte die ganze Zeit den Kopf, um ihren Ewert nicht aus den Augen zu lassen. Es sah aus, als ob der Professor mit einem kitzligen Wurm tanzte. Der Oberst hatte die Gräfin aufgefordert, und sie konnte wirklich tanzen. Allis sah, wie der Großvater den Hunden heimlich ein paar Happen von Großmutters feinen Butterbroten zusteckte. Die waren so fein, daß sie nicht Butterbrote, sondern Schnittchen hießen. In diesem Augenblick achtete niemand auf Allis, und das war ihr gerade recht, denn sie wollte für eine Weile verschwinden. Sie schlich hinaus, ohne daß es jemand bemerkte. Der Lift hielt auf ihrer Etage. Sie konnte also einsteigen und auf den letzten Knopf ganz oben drücken. Der Lift rasselte davon und trug Allis aufwärts durchs Haus wie eine starke, unsichtbare Hand. Mit einem Ruck hielt er an. Allis stieg aus. Zu ihrer Verwunderung entdeckte sie Sigges Schlüssel, der in der Tür zum Dachboden steckte. Sie drehte den Schlüssel herum und kletterte rasch die Leiter zum oberen Boden hinauf.

»Sigge!«

Keine Antwort. Da oben war nur Nachmittagsdunkel.

»Sigge?«

Der Vogel antwortete ihr. Wenn es denn eine Antwort war. Er gab ein trauriges, einsames Piepsen von sich.

Allis hob ihn von dem Stöckchen und sah sich im Raum um, der jetzt nackt und ungastlich war. Am Fenster hing ein weißes Stück Papier, das vorher nicht dagewesen war. Es war zweimal gefaltet, sie mußte es also auseinanderfalten, ehe sie lesen konnte, was mit Mühe darauf gekritzelt war.

»Ich wa dein Froind. Trotz alles. Sigge.«

An einigen Stellen waren die Buchstaben verrutscht, und Sigge hatte versucht, die Krakel mit Spucke auszuwischen. Über das Papier verteilt waren große Kleckse. Sigges Schrift hatte sich nicht verändert, seit sie seinen Namen zum ersten Mal auf der Tafel gesehen hatte. Sollte dies hier das letzte Mal sein?

Allis drückte den Vogel fest an sich und stürzte fast die Leiter hinunter, so eilig hatte sie es. Sie mußte runter auf die Straße, nachgucken, ob der Bauwagen noch da war. Auf der Stelle!

Da stand der Tannenbaum und glitzerte. Und der Storch war auch noch da. Aber dort, wo den ganzen Herbst über der Bauwagen gestanden hatte, war nur ein trockener Fleck auf dem Asphalt. Und das Haus, das die ganze Zeit hinter Segeltuch verborgen gewesen war, war wie ein Paket ausgepackt worden und sah aus wie jedes andere Haus, nur ein bißchen herausgeputzt.

Der Vogel in Allis' Armen begann sich zu bewegen. Sie versuchte, ihn zu beruhigen, aber wenn jemand beruhigt werden mußte, dann war sie es. Sie senkte den Kopf und versuchte, ihr Gesicht im Federkleid zu vergraben. So stand sie eine Weile da, bis sie merkte, daß der Vogel einen gewissen Duft hatte, den sie kannte. Er roch nach Vanille.

Es wurde Winter. Es wurde Frühling. Die Nächte wurden kürzer und die Tage länger, und eines Tages war es soweit. Es war ein Tag im Mai, als die Erde sich erwärmt hatte.

Der Morgentau war wie ein Band von Perlen, das sich über die Felder zog. Der Morgennebel berührte den Tau, ehe er sich hob und auflöste. In weißen, fast hüpfenden Fetzen zog er davon. Sie bewegten sich durch eine Traumlandschaft, aber Allis und Jompa waren wirklich, genauso wirklich wie der Vogel in seinem Bauer. Ja, er saß jetzt in einem Vogelbauer, denn Jompa wollte ihn nicht auf dem Arm tragen. Den ganzen Frühling über hatte er versucht, ihn wieder wild zu machen, »auszuwildern«, wie er es nannte. Wurde er nicht wieder wild, dann würde er sich in der Freiheit kaum behaupten können. Jompa hatte ihn in einem großen Vogelkäfig hinter seinem Haus gehalten, ein Käfig, den man »Voliere« nennt und in dem man aufrecht stehen kann. Dort hatte der Vogel nach seinem furchtbaren Zusammenprall mit dem Schulfenster zum ersten Mal wieder mit den Flügeln geschlagen. Und von da an immer wieder. Es sah aus, als ob er Gymnastik machte. Und so war das wohl auch, meinte Jompa – der Vogel hatte begriffen, daß er trainieren mußte, bevor ihn seine Flügel wieder trugen.

Nun waren sie ihrem Ziel nahe. Sie mußten nur noch über zwei Gräben springen, und dann waren sie fast an der Stelle, wo das Gras den Himmel berührte. Der Stelle, wo die Ebene von den beiden Bäumen gekrönt wurde, die immer noch dastanden, wie Wange an Wange, jedenfalls Krone an Krone. Dort wollten sie den Vogel freilassen, und Jompa hatte nicht gefragt, warum. Er hatte nur genickt. »Wo du willst, Allis. Nur nicht mitten in der Stadt.« Alles würde gutgehen, das hatte er im Auto immer wieder gesagt. Sie waren mit Jompas Auto gefahren, fast kein richtiges Auto eigentlich, eher so ein dreirädriges Moped-Auto, das »Comtesse« hieß. Es war ein Gefühl, wie in einer Sardinenbüchse zu fahren. Langsam ging es, aber es ging vorwärts, wie Jompa sagte. Und jetzt waren sie da.

Allis sprang über den letzten Graben, Jompa machte nur einen großen Schritt.

Jetzt standen sie unter den Bäumen. Jompa sah sich um und bemerkte, daß jemand einen Buchstaben in einen der Bäume geritzt hatte. Ein krakeliges A. Allis lehnte sich gegen den anderen Baumstamm, an die Stelle, wo jemand anders denselben Buchstaben in die Rinde geritzt hatte.

»Wir haben vergessen, dem Vogel einen Namen zu geben... Ein Vogel, der zu Besuch in der Welt der Menschen war, sollte eine Erinnerung an uns mitbekommen. Wir geben ihm einen Namen«, sagte Jompa, aber Allis wußte schon, wie der Vogel hieß.

»Ich weiß, wer das ist. Ich erkenne das am Geruch. Das ist ein Freund... Ama Taram. Der Vogel heißt Ama Taram.«

Am besten an Jompa gefiel ihr, daß er nie fragte. Vielleicht, weil er sich so häufig mit Vögeln beschäftigte. Die konnten ja sowieso nicht antworten. Einmal in der Woche, den ganzen Frühling über, war Allis mit dem Bus in die alte Eigenheimsiedlung gefahren, wo Jompa wohnte. Eigenheime sind winzige Häuser, wie die Leute sie vor langer Zeit gebaut haben. Ein sehr kleines Eigenheim mit einem sehr kleinen Flecken Garten. Wo Jompa wohnte, sah es so ähnlich aus wie in der Schrebergartenkolonie, wo Ewert und Siri eine Gartenlaube hatten. Hier waren die Häuser nur ein wenig größer und die Gärten nicht ganz so gepflegt. Jompas Garten war voller Vogelkäfige, in denen seltsame Vögel saßen und mit den Flügeln schlugen. Vögel, die sie mit großen Eulenaugen und scharfen Habichtaugen angestarrt hatten, als sie zu Besuch gewesen war.

Aber jetzt war es zu Ende. Alles war vorbei. Es war die letzte Minute zusammen mit diesem Vogel, den sie dem Zufall zu verdanken hatte. Und Sigge natürlich. Den ganzen Frühling über hatte Allis an Sigge gedacht. Die Sigge-Gedanken hatten fast unmerklich die Ann-Gedanken verdrängt. Allis vermißte beide, aber was Sigge anging, spürte sie auch Sehnsucht. Manchmal, wenn sie morgens das Fenster öffnete und auf den leeren Gehweg hinunterschaute, wo nur noch der Plastikstorch auf seinen dünnen Stahldrahtbeinen stand, dachte sie: Ihn gibt es.

In den vergangenen Monaten hatte sie sich mit keinem Kind in der Klasse angefreundet, aber sie war auch mit niemandem verfeindet. Manchmal hatte sie mit ihnen gespielt, manchmal war sie für sich geblieben. Niemand wurde aus ihr klug. Aber keiner machte sich besondere Gedanken über sie. So ein ähnliches Gefühl hatte auch Allis – es war eine Art Waffenruhe. Sie sammelte Kraft vor dem Neuen, das kommen würde.

Und jetzt war es gekommen.

Der Abschied.

Es war das erste Mal, daß sie Abschied nehmen mußte, für immer. Leb wohl sagen und wissen, daß es kein Wiedersehen gab.

Sie wußte, wie es war, jemanden zu verlieren, ohne zu begreifen, wie es geschehen war. Sie wußte es ganz genau. Ann zu verlieren, ihr Zuhause zu verlieren, einen ganzen Herbst, Winter und Frühling lang den Kontakt zu den Eltern zu verlieren und Sigge, der einfach entschlüpft war wie ein Stückchen Eis, das man in der Hand erwärmt hat.

Sie wußte fast alles darüber, wie es war, etwas zu verlieren, aber sie wußte nicht, wie man Lebwohl sagte.

Sie guckte Jompa an. Er bückte sich und öffnete den Vogelkäfig.

Es war früh am Morgen, als Sigge mit einem Ruck wach wurde. Der Bauwagen stand auf einem Platz zwischen vielen anderen Bauwagen. Vor der Tür stand die alte Tonne, und ohne zu wissen, warum er das tat, zog Sigge sich an, nicht irgendwas, sondern die schönen Sachen, die er getragen hatte, als er mit Allis getanzt hatte. Um ihn herum erwachten die Männer, und einer warf ihm einen fragenden Blick zu. Er guckte weg. Er wußte selber nicht, warum er das hier tat. In braunem Packpapier, versteckt unter seiner Matratze, lag das Rechenheft aus der alten Schule, der mit der boshaften Lehrerin. Aber mit Matheaufgaben hatte er das Heft ja nicht gerade gefüllt, nein, mit Bildern von Vögeln, eine Seite nach der anderen hatte er vollgezeichnet, um ihn am Leben zu erhalten, ihn festzuhalten, und jetzt bildete er sich ein, der Vogel werde nicht fliegen können, solange er ihn in diesem Heft festhielt. Er mußte den Vogel freilassen.

Er schob das Heft unter die Weste und ging hinaus.

Aus der Tonne ringelte sich eine kleine Rauchsäule.

Sigge steckte ein paar Hölzer hinein, die neben dem Bauwagen lagen. Bauholz gab es hier reichlich. Sie wohnten neben einem Neubaugebiet. Hier sollte eine ganze Stadt entstehen.

Unten in der Tonne flammte das Feuer auf.

Sigge holte tief Luft. Es war gar nicht so leicht, sein Vogelheft zu verbrennen. Es war ein Gefühl, als ob er nicht nur den Vogel, sondern auch Allis freiließ. Diese Allis mit is, die seine Freundin geworden war. Trotz allem!

Er steckte die Hand in die Tonne und ließ das Heft fallen. Da unten loderte es auf. Er guckte über den Rand. Das Heft brannte. Die Seiten kräuselten sich. Innerhalb weniger Sekunden blätterte sich das Heft selbst durch. Sigge schien es, als ob sich das Bild vom Vogel mit jeder neuen Seite veränderte. Dann wurden die Seiten in Flocken verwandelt, und die Flocken stiegen auf mit der Wärme in der Tonne. Sie flogen, als ob sie Flügel bekommen hätten.

In dem Augenblick erhob sich auch der Vogel, zuerst verwirrt über die Freiheit, flügelschlagend und krächzend, aber dann erhob er sich in die Luft mit immer sicherer werdenden Flügelschlägen, hinauf und fort, wie von einem unsichtbaren Luftstrom getragen.

Jompa griff nach Allis' Hand. Er sah, wie ihr Tränen über die Wangen liefen, sie liefen und liefen und blieben an ihrem Kinn hängen.

»Leb wohl«, flüsterte Allis, und in dem Augenblick

kehrte der Vogel in der Luft um, stieß zu ihnen herunter und ließ sich in der Krone eines der beiden Bäume nieder.

»Jetzt sollst du fliegen«, flüsterte sie. »Ich will, daß du fliegst.«

Und der Vogel flog davon, und während sie ihn noch sehen konnten, verwandelte er sich in einen Vogel, den sie noch nie gesehen hatten.

Sie sagten kein Wort. Es gab nichts zu sagen.

Der Weg über die Felder zurück war viel kürzer als der Weg hinaus gewesen war. Vielleicht, weil sie jetzt mit leichten Schritten gingen. Jompa ließ den leeren Vogelkäfig schwingen. Er war erleichtert, daß der Vogel, wie er es erhofft hatte, den freien Flug gemeistert hatte. Sein Staunen über die Verwandlung des Vogels verbarg er tief in seinem Innern, dort, wo alle Menschen verbergen, was sie nicht verstehen.

Allis machte es genauso. Sie spürte eine große Erleichterung. Das Eis, das ihr Herz eingeschlossen hatte, war geschmolzen. Sie konnte ihr Herz wieder schlagen spüren. Ein Schlag für die Trauer, ein Schlag für die Freude, denn das eine ist dicht neben dem anderen. Ein Schlag für Ann und ein Schlag für Sigge. So ein Gefühl war das. Einer für das, was sie verloren hatte. Ein Schlag für die Sehnsucht.

Ein amerikanischer Straßenkreuzer tuckerte im Leerlauf in
der Auffahrt von Großvaters Garage. Es war das neue
Auto, das Allis' Papa aus Amerika mitgebracht hatte.
Das ist typisch für ihn, dachte sie. Wenn er hier ein neues
Leben anfängt, fängt er es natürlich mit einem Blitzstart
an. Sie würden jetzt gleich fahren. Auf zu neuen großen
Zielen! Papa saß auf dem Fahrersitz, Mama neben ihm,
und Allis saß wie üblich hinten. Großmutter und Großvater standen mit den Hunden neben dem Auto. Die rissen an
den Leinen und schienen ins Auto springen und mitfahren
zu wollen. Allis' Papa rückte seine Schirmmütze zurecht,
ein rotes Ding, auf dem Coca-Cola stand und das ein wenig aussah wie ein Flaschenverschluß. Allis' Mama trug
eine dunkle Sonnenbrille und einen Pferdeschwanz und
sah aus, als ob sie in einem Film mitspielte, Allis wußte nur
nicht, in welchem.
»Na ja«, sagte Großmutter und räusperte sich, »dann sagen wir also auf Wiedersehen. Für diesmal.«
Allis nickte. Großmutter beugte sich vor ins Auto und umarmte Allis. Als sie losließ, stand Großvater mit dem Plastikstorch da. Er legte ihn auf den Boden zwischen die
Sitze, ohne etwas zu sagen. Er zwinkerte rasch mit einem

Auge, so daß nur Allis es sah. Nahm ihre Hand und sagte »auf Wiedersehen«. Die Hunde sprangen am Auto hoch, vielleicht hofften sie, Allis werde ihnen einen letzten Lekkerbissen von ihrem Reiseproviant geben oder sie nur noch einmal freundlich streicheln. Papa hupte. Alle Autotüren schlossen sich wie auf Kommando, und dann rollte das Auto davon. Es glitt weich dahin wie ein Schiff über das Meer. Allis drehte sich um und sah, wie Großmutter sich etwas aus dem Augenwinkel wischte, vielleicht ein Sandkorn, und Großvater, der war schon auf dem Weg in die Garage. Er war nicht besonders gut im Aufwiedersehensagen.

Nein, das war kein Auto, das war ein Schiff, und Allis war noch nie mit etwas gefahren, das so sehr schaukelte.

»Kannst du nicht ein bißchen erzählen? Wie ist es dir ergangen?« Papa wollte ein Gespräch beginnen. »An irgendwas wirst du dich doch erinnern?«

»Nein«, sagte Allis. »Es ist nichts Besonderes passiert.«

»Ist es dir nicht gutgegangen?« Mamas Stimme klang besorgt. Sie nahm sogar die Sonnenbrille ab und drehte sich nach Allis um.

»Doch. Ich hab Großmutter geholfen, die Treppen zu scheuern. Du weißt doch, da gibt es eine Menge zu tun.«

Mama setzte die Sonnenbrille wieder auf und wandte sich an Papa. »So ist das, wenn man sein Kind allein läßt!«

Papa seufzte. »Jetzt wird sie wahrscheinlich den ganzen Herbst sauer auf uns sein.«

»Ich bin aber nicht taub«, bemerkte Allis von hinten. »Ihr könnt auch direkt mit mir reden.«

Wieder nahm Mama die Sonnenbrille ab. »Können wir denn nicht ein bißchen fröhlich sein, Allis, jetzt, wo wir wieder zusammen sind?«

Nun fuhr das Auto durch ein Neubaugebiet. Die Straße war voller Schlaglöcher und holprig, und es schaukelte noch mehr. An der Straße standen viele Bauwagen, und dahinter ragte eine neu erbaute Stadt auf. Es sah aus, als sei eine große Bombe eingeschlagen und habe Eisenrohre und Maschinen über ein riesiges Feld verstreut. Und hier irgendwo sollten sie wohnen...

»Ich bin froh. Ich bin immer froh«, sagte Allis. In dem Augenblick entdeckte sie etwas, das ihr Herz schneller schlagen ließ. Eine Rauchsäule. Eine ganz dünne kleine Rauchsäule, die sich aus einer Tonne dort drüben zwischen den Bauwagen ringelte.

Allis preßte das Gesicht gegen das Fenster, um besser gukken zu können. Die Tonne war nicht zu sehen, und auch der Wagen nicht, den sie mit den Augen suchte. Sie konnte nur hoffen...

»Findest du es sehr schlimm, daß du wieder in eine neue Schule kommst?« fragte Mama.

»Ich bin dran gewöhnt«, antwortete Allis, und das stimmte ja.

»Ach, du mein kleiner Liebling«, sagte Mama. Sie drehte sich um und versuchte, Allis tröstend zu streicheln.

Allis wünschte, sie würde damit aufhören. Es war ja nun einmal, wie es war. Aber da war eine Chance von Millio-

nen, daß etwas anders sein würde. Doch davon wollte Allis
nichts erzählen. Wenn sie nun vergeblich hoffte?

Allis lief einen Schulkorridor entlang, der nach Neubau
roch.
Sie hielt einen Zettel in der Hand und las: Klasse 5 E. Sie
verglich die Zahlen an der Tür. Sie holte Luft, klopfte an
die richtige Tür und hörte eine Frauenstimme »Herein!«
rufen.
Die Tür wurde von innen geöffnet, und eine junge Lehrerin
mit einem dunklen langen Zopf auf dem Rücken lächelte
Allis entgegen.
»Komm rein. Willkommen!«
Zwanzig neugierige Augenpaare sahen Allis an, aber sie
guckte auf ihren Zettel.
»Entschuldigen Sie, daß ich zu spät komme. Ich hab's
nicht gleich gefunden...«
Die Lehrerin legte Allis eine Hand auf die Schulter und
sagte:
»Es ist wirklich nicht leicht, sich hier zurechtzufinden.
Alles sieht ja gleich aus. Du heißt Allis, nicht?«
»Und das schreibt man mit is. Ja, so schreibt man das«,
ertönte eine Stimme aus dem hinteren Teil der Klasse.
Die Lehrerin guckte ganz erstaunt. Allis drehte sich um,
und da saß er. Natürlich ganz hinten in der Klasse, und
daneben war ein freier Platz. Wo sonst?
Allis konnte sich nicht mehr beherrschen. Vor der ganzen
Klasse sagte sie:

»Er ist geflogen, Sigge! Er konnte fliegen. Du hättest sehen sollen, wie der davongeflogen ist.«

»Kennt ihr euch?« fragte die Lehrerin mit vorsichtiger Neugier.

Sigge nickte. Er traute sich nicht, allzuviel zu sagen, denn wenn jemand wußte, wie kompliziert Allis war, dann er.

Allis nickte auch. Sie sah Sigge an und dann die anderen Kinder rundherum.

Die meisten sahen aus wie Zugvögel. Keine Loafers mit Münzen dran. Keine Haarspangen. Keine affigen Gesichter. Allis hatte ein Gefühl, unter Freunde geraten zu sein. Solche, bei denen man fühlt, daß man sie kennt. Dann sagte sie:

»Sigge ist mein bester Freund.«

»Dann willst du sicher neben ihm sitzen? Der Platz ist ja noch frei, der hat nur auf dich gewartet.«

Allis nickte, und die Lehrerin nickte den anderen Kindern ein wenig zu, die jetzt verlegen, aber freundlich lächelten. Sie folgten Allis mit den Augen, bis sie sich neben Sigge gesetzt hatte. Als alle sich wieder nach vorn gedreht hatten, ließ Allis eine Hand hinter der Stuhllehne fallen, und dort wartete schon Sigges Hand auf sie. Sie war warm und weich und stark, alles gleichzeitig, und schloß sich um Allis' Hand.

Auf Sigges Tisch lag ein neues Schreibheft. Er hatte schon angefangen, darin zu zeichnen. Allis versuchte zu erkennen, was es sein sollte. Ein Gesicht!

Es war das Gesicht eines Mädchens, und sie hatte es schon einmal gesehen. Hinter ihrem eigenen Gesicht. Es hatte sich lange dort verborgen, gefroren im Eis. Jetzt war das Eis geschmolzen.

Sie sah Sigge an. Drückte seine Hand, und er erwiderte den Druck.

Elizabeth Laird

BEN LACHT

Eine Nacht vergißt Anna in ihrem ganzen Leben nicht: die Nacht, in der Ben geboren wird. Ben kommt nämlich so schnell zur Welt, daß Annas Mutter zu Hause entbinden muß. Anna hat sich zwar von Anfang an einen Bruder gewünscht, schon deshalb, weil sie nicht noch so eine Nervensäge in der Familie haben will wie Katy, aber Ben ist kein Baby wie andere: Ben ist behindert, und es besteht absolut keine Hoffnung, daß er sich normal entwickelt. Als Anna ihn zum erstenmal sieht, weiß sie sofort, daß sie diesen Bruder liebt und daß sie immer für ihn dasein wird...

Eine eindringlich und dennoch völlig unsentimental erzählte Geschichte über ein Thema, das immer noch mit vielen Tabus besetzt ist. Eine Geschichte, die Betroffenen und Nichtbetroffenen begreiflich macht, wie sehr das Leben durch ein behindertes Kind verändert, aber auch bereichert werden kann.

Verlag Friedrich Oetinger · Hamburg